すべては、ふたりから始まった。

自分らしく生きなさいと言う。
胸に秘めた夢を追いつづけなさいと言う。
仕事に生きがいを見つけなさいと言う。
他人がやらなかったことをやりなさいと言う。
怖れずに行動しなさいと言う。
何かしくじっても、あきらめるなと言う。
可能性に賭けなさいと言う。
特別な想い出をつくりなさいと言う。
ひとつのことに夢中になりなさいと言う。
人生は一度、やりたいことをやりなさいと言う。
心を見うしなうなと言う。

そうしなければつまらないのはわかっていても、
どうしたらいいのかわからなかった。
だけど、いまは確信する。

ひとりじゃなく、そこに相棒がいて、
信頼しあえる絆があれば、
すべてのことはうまくいく、と。

ONE+ONE.
そこに生きる者たちが、
真実の物語を語る。

ONE PLUS ONE《ワン・プラス・ワン》

森永博志 著

目次

ONE+ONEならば、

ON THE ROAD／ジャック・ケルアック＋ニール・キャサディ
バイブルをつくれる。
ポータークラシック／吉田克幸＋吉田玲雄
創造力を生きかえらせられる。
アンディ・ウォーホル＋ジャン＝ミシェル・バスキア
創作を高めあえる。
高橋歩＋奥原悠一
閃きを正解にできる。
ハーレーダビッドソン／ウィリアム・S・ハーレー＋アーサー・ダビッドソン
ノース・フェイス／ケネス・ハップ・クロップ＋ジャック・ギルバート
クイックシルバー／アラン・グリーン＋ジョン・ロー
クロムハーツ／リチャード・スターク＋ジョン・バウマン
世界ブランドをつくれる。
ブルース・ブラザース／ジョン・ベルーシ＋ダン・エイクロイド
タコツボの中の戦友になれる。
プロペラ犬／水野美紀＋楠野一郎
ホームグラウンドを持てる。
Spectator／青野利光＋片岡典幸
ルールにとらわれない生き方ができる。

目次

ONE+ONEならば、

チェ・ゲバラ＋フィデル・カストロ
革命を成しとげられる。

渋谷古書センター&フライング・ブックス／山路茂＋山路和広
家業を発展できる。

泉昌之／泉晴紀＋久住昌之
変わり者のままでいられる。

下田昌克＋Jamyang
いつも笑っていられる。

忌野清志郎＋井上陽水
永遠の響きをつくれる。

ゴンチチ／ゴンザレス三上＋チチ松村
快感を追求できる。

クリームソーダ／山崎眞行＋伴晋作
すべてがうまくいく。

森永博志＋李長鎖
オオカミとも戦える。

LOVE BOAT

1+1

ONE PLUS ONE

HIROSHI MORINAGA

one plus one+

Nobuya Hisatomi
+Takeaki Aoki

CHROME HEARTS

ones Che Guevara

U TAKAHASHI+YUICHI OKUHARA/PLAY EARTH

ONTHEROAD

★ ★ ★ ★ ★ ★ ★ ★

na Hayashi / EBISU-DO

hiroshi morinaga

SONE

ARLEY-DAVIDSON

nori Yoko+Toshi Ichiyanagi *Propeller Ken*

ean-Michel Basquiat

flying Books

ver

Keiichi Tanaami

+

TOYOKO IWASAKI

+

Ushio Shinohara

TURE

ang suo

ONO JOHN LENNON

ONE PLUS ONE:
written by Hiroshi Morinaga

CAST:
CLUB SHANGRILA
THE ROLLING STONES
LALA PLAN
ELVIS PRESLEY
SOFFET
APPLE
APOLLO 11
TRUCK FURNITURE
ON THE ROAD
PORTER CLASSIC
ANDY WARHOL
JEAN MICHEL BASQUIAT
高橋歩
奥原悠一
HARLEY DAVIDSON
THE NORTH FACE
QUIKSILVER
CHROME HEARTS
THE BLUES BROTHERS
プロペラ犬
SPECTATOR
宇田川幸信
SIMON AND GARFUNKEL
ゑびす堂
GOLDEN BROWN
横尾忠則
一柳慧
田名網敬一
篠原有司男
岩崎トヨコ
THE BEATLES
JOHN LENNON
YOKO ONO
CHE GUEVARA
FIDEL CASTRO
渋谷古書センター
フライング・ブックス
泉昌之
下田昌克
JAMYANG
忌野清志郎
井上陽水
GONTITI
CREAM SODA
李長鎖
森永博志

1+1

THE ANDY WARHOL ★★★

NORTH FACE

YOSUI INOUE + IMAWANO KIYOSHIRO

Fídel Castro

gontiti

PORTER CLASSIC

Gonzalez Mikami+Titi Matsumura

REO+KATSUYUKI

ELVIS PRESLEY The Rolling

★ ★ ★ ★ ★ ★ ★ ★

SOFFet Apple

THE BLUES BROTHERS

★ ★

Hidenori Haya

ONE PLU

Golden Brown Spectator

SIMON & GARFUNKEL Masakatsu Shimoda

CLUB SHANGRILA APOLLO1

ONE PLUS ONE

Hiroshi Morinaga

Shibuya Kosho C

UDA

Qui

★ ★ ★ ★ ★

THE BEATLES TRUCK FUR

I AM CREAM SODA

HARUKI IZUMI+MASAYUKI KUSUMI/MASAYUKI IZUMI L

CREAM SODA YOKO

one plus one

hiroshi morinaga

PROLOGUE:

CLUB SHANGRI-LA／森永博志＋立川直樹

人の網目を濃くできる。

1969年に出会って10年目の夏、ぼくらは横浜郊外の丘の上に建つホテルにいた。ふたりで細野晴臣・著『地平線の階段』の編集をその年の春からはじめていたが、いっこうにはかどらなかった。出版予定日がせまってきて、さすがにぼくたちもあせりだし、ホテルにこもって一気に作業を進めることになった。

宿泊は3日を予定していた。コテージ風の部屋をとった。部屋の前には芝生がひろがり、裸足で歩いてプールに行けた。プールではアメリカン・スクールの女の子たちが水とたわむれていた。ぼくらは日中はプールサイドのデッキに横になり陽が暮れるまで遊んでいた。夜になると、酒を飲んで、ぐっすり寝てしまった。そんなていたらくで2日がすぎ、3日目、「よし、やろう」と気あいをいれ作業をはじめたら絶妙なセッションのようにテンションも同調し、あっという間に一冊分の本の構成が終了してしまった。

その日の夜、打ちあげをしようと、丘の上のホテルから相棒の運転するシトロエンでチャイナタウンにむかった。丘の道をくだりながら雑談をしているうちに、「ぼくらなんでこんなに考えてることが一緒なんだ」と、お互い不思議に感じた。

「ところで、何月生まれ？」と聞かれたので、

「1月だよ」と答えた。相棒がひとつ年上なのは了解ずみだった。

「それじゃ、ぼくと同じだ」と、相棒はうなづきながら言った。

「じゃあ、日にちは？」

「21日だよ」

とぼくが言った瞬間、

「ホントかよ!?」

と動揺がハンドルをおさえる相棒の両手のバランスを激しくくるわせた。

ウワーッオウ!!　アップねえ!!

「同じだよ、同じ！」

「えっ、何？」

「誕生日、同じ、1月21日!!」

★

★

★

相棒の名は立川直樹。日本人でありながら、チェット・ベイカー、ピエール・バルーのアルバ

ムをプロデュースし、映画音楽の仕事でもホウ・シャオシエン『悲情城市』、チャン・イーモウ『紅夢』らを手がけている。出版、アート展、コンサート、ダンス・パフォーマンスと活動のフィールドは多岐《たき》にわたり、メディア・ミックス型プロデューサーの第一人者である。著書も多く、最新作はおそらく立川直樹にしか書きえないであろう『TOKYO 1969』（日本経済新聞出版社）だ。江國香織女史も近田春夫も絶賛するところの名著である。

ぼくらのつきあいは今年でちょうど40年目にあたる。1969年に出会った時から、ずっとニックネームの〝ミック〟と呼んでいる。

ぼくらは常に一緒に仕事をしているわけではないが、1989年、20年前から〝クラブ・シャングリラ〟というトーク・ユニットを組み、その最新のトークは『TOKYO 1969』に収録されている。その〝クラブ・シャングリラ〟は文庫版をいれると、すでに3冊刊行している。

★　　★　　★

人間は網目だというのである。心にかなう言葉や人、心にかなう仕事やアート、心にかなう食べ物や旅にシルシをつけてゆくと、シルシの点々が網目になる。その網目が人間だというのだ。友人立川直樹君、そしてその友人森永博志君、この二人は特に網目の濃い連中だ。二人がそれぞれに、「僕はこういう人です」というだけで、こんな大きな本になってしまった。

——伊丹十三（『シャングリラの予言』講談社）

この2段組600頁をこすぼくらのトーク本は「平成の奇書」に選ばれ、ユーミンも坂本龍一も賛辞を寄せてくれた。

★　★　★

出会ったのは1969年、東京・渋谷だったが、もしかしたら、ミックが高校1年、ぼくが中学3年の時に国立（忌野清志郎のホームタウン）ですれちがっている可能性があった。というのも、ミックがかよっていた高校は桐朋学園という音楽大学の高等部、この校舎の近くに、ぼくがかよっていた国立第二中学校があった。だからぼくらは通学路ですれちがっていたかもしれない。

もし、通学路ですれちがっていたとしたら、人の縁には設計図のようなものがあらかじめ用意されているのではないか。

★　★　★

「ぼくらはいままで一度もケンカしたことがない」とミックはよく人に語る。いままで何度も、普通ならキレてしまうようなことをぼくの方がしでかしてきた。当日、すっぽかしたことが何度もある。それでも、「しょうがないね」と苦笑するだけだった。

ぼくが喪主《もしゅ》をつとめる葬儀にミックが車でくる途中、ヤクザ者と車が接触するような悶着《もんちゃく》があり、でも、急いで駆けつけようとするミックは「大事な友人が喪主の葬儀があるんだ」と語気強く言い放ち、ヤクザ者が「わかった」とひいたこともあった。

★

★

★

お互い、1969年に出会った時のことをよくおぼえていない。ミックも映像としては記憶に刻みこまれているが、その時、ぼくらは何で会ったのか、何を話したのか、まったく記憶がないと言う。出会ってすぐにしたしくなり、東大の革命砦が陥落し、赤軍派がハイジャックした旅客機で中東や北朝鮮にむかい、三島由紀夫が決起する中で、ぼくらは街をうろつき点々とシルシをつけあい網目をつくっていった。

2009年6月某日、ぼくらは40年前に出会った街・渋谷にいた。ミックがプロデュースした『TOKYO 1969』展の会場のステージで、1969年の東京について語っていた。

その時代、ケータイもなく、アパートに電話はあっても、ほとんど寺山修司の『書を捨てよ、町に出よう』のままに一日中街に出ずっぱりだった。だから電話連絡もできなかった。まだ、電話に留守録機能もなかった。

なのに、毎日のように会っていた気がする。

「どうやって、会ってたんだろう?」

とぼくが聞いた。

「だって、店に行けば会えたじゃん」

★　★　★

40年の長いつきあいの中でプライベートで連絡をとりあって「食事しよう」「お酒を飲もう」と約束したことは一度もない。いまでも街中で同じ店に顔をだし、会えばシルシをつけあっている。

だから、気分は1969年のままだ。

★　★　★

1969年にゴダールは『悪魔を憐れむ歌』をレコーディング中のローリング・ストーンズのド

キュメンタリーを撮った。ストーンズ以外に武装ゲリラをはじめとするきわめて政治色の強い映像がカットアップ的にインサートされた作品のタイトルは『ワン・プラス・ワン』。当時、この作品を見たミックは「こういう映画を見たあとは誰かと話をしたくなる。そして、そこで、自分と同じテイストの人間と出会い、友だちの輪がつくられ、仕事へと発展していった」と語った。

★　★　★

たぶん今夜あたり、西麻布のロック・バー〈ＰＢ〉で顔をあわせ、ストーンズの曲をリクエストし、ＤＶＤで見たばかりのガイ・リッチーの『ロックンローラ』について熱く語りあうのだろうな。

★　★　★

ぼくは『シャングリラの予言』に書いた。

――日々にすべての事は起こり、日々のいつかに人生の終わりはくる。金は使わなければ貯まるが、時は使わなければ消え去り貯めることはできない。一文無しになっても、時まで失くすことはない。一杯のビール、一皿のモヤシ炒め、一枚のレコード、一冊の本、一本の映画で五感を解放できる気質があり、同じ趣味の友人がいれば、「この世はシャングリラ」で笑っていられる。

アポロ11号／ニール・アームストロング＋バズ・オルドリンJr.
月に行ける。

アップル／スティーブ・ジョブズ＋スティーブ・ウォズニアック
宇宙に衝撃を与えられる。

１９６１年5月にジョン・Ｆ・ケネディが上下両院合同議会で高らかに宣言した。「アメリカ合衆国は60年代が終わるまでに人間を月に送りこむ」。その60年代の終わりをアメリカは迎えていたが、ジョン・Ｆ・ケネディは暗殺されこの世にいなかった。アメリカは内外に山のように問題をかかえ、疲れきっていた。68年のテト攻勢により、ベトナムで敗退への道に追いこまれ、ロバート・ケネディとキング牧師の暗殺は全米レベルの反戦活動、黒人暴動の引き金となった。

アメリカ合衆国に残された夢見る術《すべ》はジョン・Ｆ・ケネディが提唱した「月ミッション」だけであった。それはエレクトロニクスのチャレンジを意味した。

★

★

★

この頃、スティーブ・ジョブスはサンフランシスコ平野部のロスアルトスというエレクトロニクス・タウンに住んでいた。この街には月面探査に関するたくさんのエレクトロニクス企業、研究機関らが誕生し、トランジスタとICをつかった電子機器の開発では最先端にたっていた。街には、そんな先端技術の開発に従事するエンジニアが住み、どの家のガレージも実験室・工作所になっていた。そこは〝エレクトロニクス・フロンティア〟ワールドだった。

早くからエレクトロニクスに関心を示していたスティーブ・ジョブスはエンジニアのガレージに出はいりする。ジュニア・ハイスクールの同級生に、エレクトロニクス・キッズのビル・フェルナンデスがいた。フェルナンデスの家のむかいにNASAと提携していたロッキード社のエンジニアを父親に持つスティーブ・ウォズニアックの家があった。ウォズはジョブスやフェルナンデスより5歳年上で、コロラド大学を1年でドロップアウトし自宅のガレージで早くもコンピューターの製作に没頭していた。部品はジャンク・ショップから買い集めた廃品（アポロのために開発された電子機器等）をつかった。彼らにとっても、エレクトロニクスが女の子やスポーツよりも唯一の夢見る術《すべ》であった。

★　★　★

1969年7月17日。アポロ11号が旅立った。乗組員は3人、船長はもと高速飛行のテストパイロットでテキサスの空軍基地に勤務していたニール・アームストロング。アポロ11号は司令船コロンビア号と月着陸船イーグル号が合体した宇宙船で、イーグル号で月面上陸するのはふたり、ニール・アームストロング船長と、その相棒のバズ・オルドリン。ニール&バズだ。ニールはアメリカ人としてはかなり変人だった。というのも空軍基地に勤務するパイロットたちは基地近くの住宅地に住んでいるのに、彼だけは人里はなれた丘の上のユッカの林にかこまれた小屋に住んでいた。小屋は電気も水道も設備されていなかった。彼はその丘に立ち、「宇宙はフロンティアだ。そここそ俺の行きたい世界だ」と人類未到の宇宙への旅を夢見ていた。その7年後、地球を飛びたって4日目にアポロ11号は月面の500フィート上空、予定着陸地点2に到着した。

ついにイーグル号が月面上陸へとむかう時がやってきた。コロンビア号にはマイク・コリンズがのこり、ニール&バズはイーグル号に乗りこんだ。その時、コリンズがふたりに、「気をつけてな」と声をかけると、「ああ、じゃあ、またな」とニール・アームストロング船長はまるで毎晩顔をつきあわせている飲み仲間が酒場で別れる時みたく軽く答え、イーグル号で月面に降下していった。

★
★
★

1969年、夏。ウォズが自宅ガレージにこもって、何かすごいマシンをつくっているというウワサがキッズたちの間に流れていた。ある日、ジョブスは友だちのフェルナンデスと一緒にウォズをガレージに訪ねた。

そこでジョブスが見たモノは〝クリームソーダ・コンピューター〟とウォズが呼んでいた自家製コンピューターだった。ウォズはガレージで作業中にビンづめのクリームソーダばかり飲んでいた。でもお金がなかったので、「ビンをためておいて、スーパーに持って行き、そのビン代でまたクリームソーダを買ったものです」。だから、〝クリームソーダ・コンピューター〟と名づけた。

★　★　★

イーグル号は月に上陸した。ジョン・F・ケネディの夢はついに達成された。イーグルから先に月面にでるのはアームストロングと決まっていた。船長がでて行く前に、オルドリンはこの時のためにずっと考えてきたことに取りかかった。オルドリンはマサチューセッツ工科大学の大学院で博士号を修得したエリートだった。そのオルドリンが月面着陸したイーグル号の中で、地球から持ってきたワインの小瓶と聖餐杯と聖餅をつかって〝聖なる儀式〟をはじめた。ちいさなカードを取りだし、それにはヨハネの福音書の数行が書きうつされていて、オルドリンは朗唱した。

わたしはぶどうの木で、あなたがたは枝です
人々がわたしにとどまり、わたしも人々のなかにとどまるなら
その人はたくさんの実を結ぶでしょう
あなたがたは、わたしを離れては何もできないのですから

相棒のやっていることをアームストロングは「こいつ、何、考えてんだ」とあきれ顔で見ていたが自分も月面に降り立った瞬間、何か気のきいたことを言わなきゃいけないな、と思案した。何せ、人類史上初の宇宙的快挙の瞬間だ。最初の一歩……あの丘の上、ユッカの林の中の電気も水道もない小屋から月までの長い旅路。しかもアームストロングは大英帝国で迫害の歴史に苦しめられてきたスコットランド人を先祖に持つ。

★

★

★

〝クリームソーダ・コンピューター〟を目の前にしたジョブスは自分が夢見た〝エレクトロニクス・フロンティア〟ワールドに、自分の知識や技術よりもはるか先をゆく天才がいたのを知り、ショックをおぼえた。この瞬間がウォズを相棒にやがて創業することになる〈アップル〉への第一歩となった。その時、ウォズは18歳。ジョブスはまだ13歳だった。

月面に降り立った船長は頭に閃《ひらめ》いたコトバを全世界にメッセージした。「これは人間にとっては小さな一歩だが、人類にとっては大きな飛躍だ」。その14分後、相棒も月面に降り立った。そしてふたりは探検家としての任務を遂行し、無事地球に帰還し人類史上初の宇宙旅行を成功させた。

★　★　★

「宇宙に衝撃を与えるほどのものをつくろう」「旅こそが報い」はジョブスの有名な宣言である。エレクトロニクス・タウンのガレージでジョブスがウォズと出会った時、それは子供にとっては小さな一歩だが、その後の〈アップル〉が生みだしたものを想うと、人類にとっては大きな飛躍となった。

ジョブスは私生児として生まれ、実の両親を知らぬまま養子として育てられた。

スコットランド人と私生児、ともに相棒とフロンティアにチャレンジし、宇宙に衝撃を与える冒険を成しとげた。

LOVE BOAT／小松健樹＋西藤希代子

各々可能性に挑戦できる。

ふたりが出会ったのは１９９３年だった。

その時、小松社長は48歳。

西藤希代子は25歳だった。

出会った瞬間、西藤さんは面接をうけている西麻布のオフィスで小松社長を前に、「わたしはついに、自分が一生身をおくべき場所を見つけた。ここ以外にはない」と電光石火に直感した。

一方、小松社長は仕事関係の知人のツテで訪ねてきた西藤さんと会って、「何か可能性を秘めてそうだな」とは感じてみたものの採用はしなかった。

ふたりの間で、静かに事は運んでいった。

★　★　★

その数年前、西藤さんはニューヨークに暮らしていた。出身は北海道釧路。港町。外国船がよく入港した。18歳、大学受験の季節を迎えると日本で進学する気になれずトランク一個でニューヨークにわたった。ジャーナリストに憧れた。NY州立大学で英語をまずは特訓、経済誌も読めるようになった。やがてファッションに興味がうつり、FIT（NY州立ファッション工科大学）に入学する。

新聞情報で安いアパートを見つけてはマンハッタンを転々とした。最初のアパートは（地図をひろげて）、「このへん。ブロードウェイと29番街のあたり」と指さす。「ひどいとこだった」。部屋は修繕しなければ住めない状態で、空《あ》いている部屋から入居してゆく。トイレ・バス共同。ホームレスが勝手にはいってきてシャワーをつかっていたり、なんてことがしょっちゅうあった。兵隊あがりのすこし頭のおかしい黒人もいた。

「昼はホットドック1ドル、夜はピザ1ドル90セント。レストランなんか行けない。学校じゃ、みんなヨウジヤマモト、コム・デ・ギャルソンすごいよネーなんて話していても、あたしが着てる服は古着屋でTシャツ1ドル、全身飾って、せいぜい10ドルってとこ。まわりは芸術家の卵みたいな人たちが多かった。ハノイロックスのメンバーの奥さんやシンディ・ローパーがバイトしてたっていうバーがあったり、マドンナは無名の頃、自分のレコード持って、そのあたりで売りこみしてたっていう話も聞いたし」

「その時代の象徴的な事件って何？　9・11みたいな」

「ロスの黒人暴動、アレかな」

「黒人が電化製品の店襲撃した」

「そうそう。コリアン・タウンね」

「スパイク・リーの『ドゥ・ザ・ライトシング』、まんま?」

「まんま。友だちが刺されて死んだりとかは日常的にあった。チャイナ・タウンやリトル・イタリーに近いグランドストリートっていうところにも住んでたんだけど、そこはユダヤ人街。同じアパートの住人でレズのおばさんが顔にあざつくってるから、どうしたの? って聞いたら、アパートにはいろうとしたら黒人にピストルで殴られて肋骨も折ったとか。ワシントンDCからきてアパートに住んでる女の子に、なんでここきたの? って聞いたら、彼が殺されて、傷心でニューヨークにきた、とか。わたしの彼は、ある日、道歩いてたら、マシンガン持った男がリムジンから飛びだしてきたストリートガールを追いかけてるのを見たって言ってたし、危険がいっぱいだった。そこはもう一般の人は近づいちゃダメっていうエリアだった。ところが、いまはそこがニューヨークで一番おしゃれな場所になっている。でもねぇ、あの頃のわたしの生活、うちの親が見たら卒倒するんじゃないかな。だって、わたしは釧路にいる時は夜遊びもしない箱いり娘で他人の家に泊まりに行ったこともなかったから、ニューヨークに行っても両親はすぐ一週間ぐらいで帰ってくると思ってたのよ。気がついたら6年たってた」

★　★　★

一方、小松社長は。

大学卒業後勤務していたアパレルメーカーを36歳で辞《や》めてはじめた会社〈LaLa PLAN〉が業績面で調子を落としていた。アパレルメーカーでは、いくつもの流行を仕掛け、入社した時は40億円、辞める時は400億円という成長期の立役者だった。そのまま勤続していてもよかったのだが、「12年、自分にとってワン・サイクル、思いきりやったから、次のステージに進もうって、自然のなりゆきだった」。辞める時、まわりの人すべてが反対した。それも当然で、小松社長は12年かけて築きあげた地位と人脈のすべて捨てて自分をゼロにして再出発しようとしていたのだから。そのことにまったく迷いはなかった。

先のことは、何も考えていなかった。まずは退職金800万円を持って世界旅行に出て全部つかってしまおう。その旅の最後はニューヨークと決めていた。小松社長はメーカーに勤務している時、出張でひんぱんにニューヨークに行っていた。〈スタジオ54〉が全盛期。それこそ世界中のセレブがそこを目指して集まってきた頃だ。だけど入口のチェックは厳しい。どんなに金を持っていようが、地位があろうが、〈スタジオ54〉にふさわしくなければ入場させない。小松社長はなんのツテもなかったけど中にはいれた。日本人では珍しかった。

世界旅行の最終地点はそのニューヨークと決めて旅に出た。その時、小松社長には家族もいた。長男が小学校入学、次男が入園、三男を奥さんが妊娠中という状態で、父親、夫としては責任が重い。でも、ひとりで旅に出た。まずヨーロッパをまわって地中海の島々をめぐりアフリカにわたった。アフリカではオンボロ車を借りてケニアからタンザニアへサバンナを走破、それは行ったら戻れないかもしれないと覚悟を決めた旅だった。その後、カリブの島々をめぐってニューヨークで旅を終えた。

「東京に帰ったら、一文無しです。会社辞める前は、仕事まわすよって声かけてくれていた人たちが、いざ辞めたらみんな知らん顔。それが業界っていう世界で冷たいもんです。一文無しなんで資金ぐりしなければならない。銀行は貸してくれない。どーしたかっていうと、ぼくは出身が湯河原なんですけど、〈魚辰〉っていう魚屋があって、そこの主人とぼくは若い頃からしたしかったので、保証人になってもらって、農業協同組合からお金を借りた。そのお金で西麻布にやっと事務所を借りられた。そこからはじまったんです」

★　★　★

西藤さんはニューヨークでの6年間の奔放な生活を終えて郷里の釧路に戻った。次は東京と決めていた。なんのアテもツテもなく、また流れ者のようにトランク一個で家を出て東京にむかった。

「前だと、帰国子女っていうだけでもてはやされて、高給取りだったんだけど、バブルがはじけた頃に帰ってきて勤め先なんかぜんぜんない。でも、あたしこわいもの知らずだったから求人雑誌見てかたっぱしから電話した。だけど経験がないから、どこも電話でダメですって断《ことわ》られちゃう。会ってもいないのにダメって、それはおかしいんじゃないんですかって人事の人に突っかかったり。もう、エネルギーが有りあまってて、もし東京で何もやらせてもらえなかったら、あたし道踏みはずすよっていうくらい、もう何か自己表現したくて、やりたくてしょうがない。

それでも、何とか東京で仕事を見つけた。東京っていっても、浅草の仏壇屋がズラッと並んでる田原町に会社はあって、そこ、イギリスの有名なダッフルコートをあつかってる会社だったんだけど、はいってみたら、やる気のないＯＬたちと、意地悪な上司がいて、最初からちがうなー、ここじゃダメだって思ってた。そしたら、あたしにピッタリの会社があるよって、営業の先輩が西麻布の小松サンの会社に連れていってくれたの」

小松社長の会社〈LaLa PLAN〉は企画会社だった。創業13年目を迎え、一時は社員が30人ほどにまでなったが、バブル崩壊で景気は冷えこみ、社員はどんどん減り４人になってしまった。新しく人をやとう余裕はない。

西藤さんは西麻布のオフィスを訪ねると、女性スタッフにプレゼンテーション・ルームに通された。空間の演出に驚いた。スチール製の窓ワク、ラルフ・ローレンのウォール・ペーパー、ソファの色はエナメルシルヴァー、そこにアールデコのガラス製の地球儀、なぜか、白い砂がはいった何十本ものガラス瓶。

「アメリカの生活で、あたしはクラブやアート展とかいろいろ見ているから日本じゃ何を見ても興奮しなかった。だけどその部屋では自分が興奮していたのをおぼえている」

そして、ついに対面の時がきた。

西藤（N）　はじめて会った時、見たことない物体に遭遇しちゃった感じ。あたしね、すごく人に敏感なの。コイツ、やな奴だなとか、自分に対して閉《と》ざしてるなとか、会った瞬間にわかる。小松サンとはじめて会った時、年齢は22歳もはなれてて、キャリアもそれくらいちがうのに、子供あつかいしなかった。

小松（K）　ぼくは上から人を見ないんだよ。いろいろ西藤と話して最初はセンスあるとも思わなかったけど、面白い子だなとは感じた。

N　ちゃんと話を聞いてくれるし、どんな会話上のやりとりも見のがさないし、聞きのがさない。その時、あー、自分はいま試されてるな、この人はいままで会ってきた人たちとちがう、面接なんだけど、これは一言一言が勝負だって感じたの。

K　そういう意味ではぼくも似てるかな。考えてみると、いつも勝負だな。

N　その最初に会った時、もう勝負なのね。本気で挑んでくるから。緊張感、ものすごくあった。

K　西藤とやりとりしてて、ぼくも緊張してきたんだよ。だから、こっちも、この子はほかの子とはちがうって感じて。採用したいんだけど、その時は、うちの会社は状況的にやとえる余裕はなかった。

N　あたしは小松サンとなら、絶対、何かやりぬけるって確信はあった。そこの会社がどんな仕事してるか何もわかってないのに。

K　悩んだ。3回面接して。なんだかわかんないね、なんで悩んだか。直感で、悩むものがあった。可能性かな。

N　それで電話してもまだ悩んでるから、「しばらくほかのところ行ってくるので、また電話します」って、またアパレルメーカーにつとめたの。そこもダメだった。働いてる人間が田原町のメーカーと同類。半年目に、また小松サンに「どうですか?」って電話で聞いたら、採用されたの。

その頃、会社は、渋谷〈109〉のリニューアルの企画を進めていた。世の中から取り残され閑古鳥が鳴いている〈109〉の中にショップを一軒経営していた。地下にもう一軒空いてるショップがあるので、何か企画してくれないかという依頼がきた。新しく社員が必要になった時、西藤さんから電話がはいった。タイミングがよかった。

N　入社して3ヶ月目に、その店の店長になった。あたしはその店をアンダーグラウンドっぽくしたいって言ったの。

K　ぼくは自分がニューヨークに行っていた頃、よく通っていた地下のクラブをイメージして、内装を決めた。
N　最初から、何言っても、話があった。
K　あわせる気なんかぜんぜんない。
N　すべての仕事がはじめての経験だけど、あたしは小松サンの言ってることがすべてわかるし、何求めてるかもわかった。
K　そのへんで、相棒の感覚になったね。
N　まず、仕事においてふたりとも退屈な大人がすごく嫌いだった。屁理屈こねる子供もね。
K　ぼくは何もしない日和見主義者が嫌い。寄らば大樹の陰みたいな人も嫌い。無気力、無関心、ずるいのも嫌い。見た目ばっかり、見栄っぱりも嫌い。でも、いまの車乗ってると見栄っぱりに見られるんだよ。
N　乗りたくて乗ってるんでしょ。

西藤さんが入社して3ヶ月目に店長になったショップとは日本最大のガールズ・ブランドへと発展する〈LOVE BOAT〉であった。日本全国、離島に暮らす少女にまで、その名が浸透し、その一軒のショップの人気は〈109〉もブレイクさせ、その流行は社会現象にまでエスカレートする。しかし、当初は、小松社長と西藤さんで何から何まで業務をこなしていた。

N　自分で仕入れて、自分で売って、自分でレジうって、魚屋さんとか八百屋さんみたいに仕事の流れがすごくシンプルだった。複雑に考えることは何もない。そのことだけに集中すればよくて、その瞬間、瞬間にやればいいって感じだった。

K　オープンしてすぐに西藤とニューヨークに買いつけに行った。その時、まだぜんぜん金がなくて現金は10万円しかない。それとカードは3枚あったけど、その頃、限度額が20万円か30万円くらい。これじゃまともに買いつけができない。それで西藤が、そういえば自分が住んでいたブロードウェイの下の方に安くて面白い服を売ってるところがあるって言うの。そんなエリア、ぼくは行ったことがない。ものすごく汚く危険なイメージあったからね。ダウンタウンのイーストサイドは金目のモノは持って行くなって言われるくらい。

N　そこ、ニューヨークに住んでた頃の自分の生活圏だったところ。相当やばい。でもエスニック系の面白い店がいっぱいあるの。もっと下に行くと、巨大な体育館みたいなストアで安い古着売っていて、そこにも小松サンを案内した。

K　そこで10万円わたして西藤が選んだ服が全部、ものすごく可愛いし、カッコいいし、見たことがない。コレはいけると確信した。

★

★

★

道なんてあってないようなものだが、ふたりは「普通、FIT卒業したら、有名ブランドの方に行くとかパリ・コレ目指すみたいな話なのに、ニューヨークのそんな危ないエリアに買いつけに行って、渋谷〈109〉で売るっていうのが面白くて、なんの疑問も感じなかった」（**西藤**）、「前の会社じゃ、えばりくさって、ダンボールなんか持ったこともない男が、〈109〉の階段でダンボールかかえて、48歳にもなって汗水流して働いてる。前の会社の奴が見て、ビックリしたって言われた。でも、楽しいんだよ。ダンボール運んでるの自然だもの」（**小松**）。

ともに道を外したところで、見事に仕事を成功させた。ふたりがつくったブランドは〈LOVE BOAT〉以外に6つもあり、年商100億をかせぎだした。

★　★　★

生まれ変わったら何になりたいか？　って聞かれたら、また自分たちがつくった〈LaLa PLAN〉で働きたい。（**K**）

★　★　★

出会った時から一度も上下の関係になったことはない。いつも対等に意見をぶつけあう。だ

けど、ケンカは一度もしたことがない。(K)

★　★　★

お互い、人にうけようなんて思ったことがない。(N)

★　★　★

ふたりでやってきたことは自分の可能性への挑戦なんだよ。(K)

★　★　★

うまくいかなかったからって責められたことは一度もない。(N)

★　★　★

西藤が仕事のことべらべらしゃべってるのを、ぼくが聞いている。話が終わんない。それは、ぼくはサーフィンが好きだったから海によく行った。海辺で波の音聞いてて飽《あ》きずにずっといら

れるっていう、あの感覚と同じ。（K）

★　★　★

ふたりのどっちかがポックリいくとする。それでも残った方が、この仕事をつづけていかなくてはいけないの。お互い、いつどうなってもやりつづけるよっていうのがあるから相棒として認めあえるんだと思う。（N）

★　★　★

人は持って生まれたものをいかして生きていくのが一番だと思うの。あたしの場合は小松サンがそれを引き出してくれた。（N）

★　★　★

相棒がいれば、自分らしくやってることを言葉にしてくれて自己確認ができる。自分ひとりじゃ自分を確認できない。（K）

N　ふたりとも〈LaLa PLAN〉をつくってることが好きで、相棒なんて感覚ないのかもしれない。

K　いや、相棒だよ。いなくちゃ困る。

★　★　★

西藤さんが入社した時の〈LaLa PLAN〉は社員4人だったが、いまは800人の企業に成長した。

★　★　★

いままで通りのことをやるのなら相棒はいらない。何かやってみなければわからない、そんな自分の可能性に挑む時、人は相棒を必要とする。それは小松社長が言うように「自然」なことだし、何よりも「楽しい」のだ。

エルヴィス・プレスリー

神と悪魔になれる。

KING of ROCK'N ROLL、エルヴィス・プレスリーはこの世で絶対無二を象徴する存在だった。そのプレスリーがいなければ、ジョン・レノンもボブ・ディランも、ボノもいなかった。ロックの歴史も築かれなかった。

プレスリーの中に、ONE＋ONEの神話を発見したのはアンディ・ウォーホルだ。ウォーホルはプレスリーのポートレイトを制作した。それは「ダブル・イメージ」と題されカウボーイ姿のプレスリーがふたり重なるように立っている。

プレスリー＋プレスリー。

プレスリーはふたりいたのだ。

KING of ROCK'N ROLLとなったアーロン・エルヴィス・プレスリーと、もうひとりジェシー・ギャロン・プレスリー。ふたりは双子だった。1935年1月8日、ふたりのプレスリーは誕生した。先に生まれたのはギャロンだった。しかし、彼は生を享《う》けることなく亡《な》くなった。生を享けたのは、エルヴィスだった。

母の胎内でふたりは相棒だった。教会にかよう母の胎内で、ふたりはゴスペルを聴いていた。だから、3歳の時にエルヴィスはゴスペルを歌えるようになっていた。

もし、ギャロンが生きていたら、3歳の時にふたりでゴスペルを歌っていただろう。その後も、ギャロン・プレスリーとエルヴィス・プレスリーはデュエットしつづけたかもしれない。ウォーホルが作品にしたようにポートレイトは双子のプレスリーになったかもしれない。

そんなのはただの憶測にすぎないと、人は言うだろう。

だけど、多くの人が言うように生前のエルヴィスは極度な〝二重人格〟だった。誰か別の人間がエルヴィスの中にいるのではないかと想えるくらい。

エルヴィスは母の胎内で一緒に時をすごしたギャロンのことを想いつづけていたと言われる。

その想いがエルヴィス・プレスリーという世紀のスーパースターをつくりだした。

ＥＬＶＩＳという名前には、アルファベットの並びを変えると、

ＬＩＶＥＳ／生きる、生命、即ち神

ＥＶＩＬＳ／悪、悪魔

ふたつの意味と存在がかくされていた。

SOFFet／YoYo＋GooF

新しいジャンルをつくりだせる。

下北沢のラウンジ・バーで、紳ちゃんに会った時、紳ちゃんはぼくらはウッドストック・ジェネレーションであり、サンフランシスコのロックシーンをつくったプロモーターのビル・グラハムがヒーローであり、と60年代への想いを熱く語った。紳ちゃんはその想いを胸に、毎年夏北海道で恒例のロック・フェス〈ライジング・サン〉を主催している。その紳ちゃんが、仕事柄、年２００ほどのライブを見ているが、２００８年見た中で一番だと思ったのが、YoYo（ヨーヨー）とGooF（グーフ）のSOFFet（ソッフェ）だったと言ってると、人づてに伝わってきた。SOFFetはスウィング・ラップ・ユニットで、今年でメジャーデビュー6年目になる。

ふたりは１９８０年生まれ。

彼らには音楽に関して早くから強い信念があった。それは自分たちだけのやり方で、自分たちだけの音楽を追求しつづけたいという。その信念はきっとひとりでは貫けなかったかも知れない。

彼らに話を聞いて、年表をつくってみた。

★

★

★

〔2、3歳〕東京都武蔵小金井の児童館に、実はふたりはかよっていた。一緒に工作して遊んでいたが、それは親から聞いた話で、ふたりとも記憶にない。

〔小学5年〕YoYoは小学1年から4年まで長野県松本に移住していたが、小学5年で武蔵小金井に戻ってきて、地元の小学校に転入する。同じクラスにGooFがいた。GooFはクラスで一番背が高く、ケンカもよくやり、ガキ大将だった。一方、YoYoはチビだった。ふたりは話すこともなく小学5年を終えた。

〔小学6年〕ふたりの父親が地元の中学の同級生だったので、YoYoは父親から「あそこの息子がクラスにいるだろ」と知らされた。ある日、学校の階段の踊り場にいたGooFにおそるおそるYoYoが、「あのさー、うちの親とさ」と話かけた。それがきっかけとなり、実家も近所だったので、一緒に帰るようになり、バスケットもやる相棒となる。

「すごく仲良くなったんです」（Y）

「だって、俺たち、帰り道は肩組んで〝この木なんの木〜〟みたいなのハモってた。いまでもハッキリおぼえてるけど、ハモった瞬間、オー！　って声あげた。気持ちいいなーって」（G）

「相当気持ちよかった」（Y）

ふたりはまわりから〝トムとジェリー〟と呼ばれるようになっていた。
〔中学1年〕学校の帰りには、どっちかの家に行ってファミコンに熱中。バスケットボールも好きだったので、アメリカのプロ・バスケット・チームの試合のハイライト・ビデオを見るうちに、バックで流れてるヒップホップに惹《ひ》かれてゆく。この時、インフォーマー、スノウ、アレステットらのラップに出会う。
「ぼくらちょっとませてた。まわりで誰もそういうの聴いてなかった。でも、すごくカッコいいと思った」（Y）
「バスケもラップも黒人文化なんだってぼんやり感じてた」（G）
YoYoの家にあったコンポ・オーディオのカセット・テープ・レコーダーをつかって、ふたりでトーク・デュオの録音をはじめる。
〔中学2年〕YoYoの父親が泉谷しげるのファンで、家でよく『春夏秋冬』の弾き語りをしていたので、自然とギターを弾くようになり、GooFとギター・デュオをはじめる。
〔中学3年〕YoYoの家の2軒隣に高校生がいた。その母親とふたりの父親が同級生の縁もあり、したしくしていた。ある日、そのお兄ちゃんがカセット・テープをくれた。
「それがオリジナルのラップだった。いまだにそれはすごいと思うけど、当時聴いて衝撃をうけた」（Y）
「日本語ラップがでてきた頃で、自分ちの近所の人がやってたんで、俺たちもやろうって気に

なって」（G）

「ラップやってる近所のお兄ちゃんは、もう、ぼくらのカッコいい兄貴、会えば、テープ、サイコーです、大好きですって言ってました」（Y）

彼らは、自宅のコンポ・オーディオではじめてのレコーディングをする。この時、楽器はエレクトーンを使用。ピアノを習っていたYoYoがひく。曲は、当時ヒットしていた『今夜はブギー・バック』らのカバーだった。自分たちでミュージック・テープをつくりあげた。

「完璧につくりました。ジャケットも自分たちでつくり、歌詞カードも」（G）

「ふたりとも性格が凝《こ》り性なんです」（Y）

〔高校1年〕高校は別々だったが、録音用の本格的な機材のMTR（4チャンネル仕様）をGooFが高校入学祝いに買ってもらう。と同時に、YoYoの父親が楽器屋の社長と友人であった関係から、40万円もするシンセサイザーをただでもらった。YoYoの自宅の部屋に機材がそろい、レコーディング・スタジオができる。そこから、ふたりはオリジナルのラップ・ソングもつくり、本格的なレコーディングに突入する。この時、ユニット名兼カセット・レーベル名として〈SOFFet〉が誕生する。テープはふたりがかよう高校の同級生にわたしていった。テープの人気が高まってきた。

「ライブが見たいっていう人たちがふえてきた」（Y）

「じゃあ、単独ライブやろうって話になって」（G）

高校1年生が単独ライブやるなんて、前代未聞だ。ふたりは未経験であったが、決行する。吉祥寺のライブハウスを借り、手づくりのチケットを売っていった。その時、80人ほど動員し、ライブは成功した。

〔高校2年〕自宅スタジオでラジカセの高速ダビングでつくっていたテープの人気が高まってゆく。300本になった時には、専門の業者に発注するようになった。この頃から、ヒップ・ホップ・カルチャーやDJに傾倒《けいとう》してゆき、ターンテーブルを入手し、ブレイク・ビーツでラップをデュエットするスタイルになる。一方でバスケットをやりながら、ファッションも黒人ラッパーをマネてギャングスター系になってゆく。クラブ・イベントにも出演するようになる。

「高校生の間で、ヒップホップが人気になってきたんですけど、ぼくらみたいにテープをつくってる人はすくなかった」（Y）

オリジナル曲のアルバム・テープを配りつづけ、1年後、ふたたび、阿佐ヶ谷のライブハウスで単独ライブを行うと、客が彼らのオリジナル曲を合唱してくれた。

「大合唱を聴いて、その時、ものすごい感動して、プロになりたいと思った」（G）

〔高校3年〕レコード会社のオーディデョンにテープを送ると、1500組中10組の最終選考に残り、その10組のコンピレーション・アルバムが制作されるはずだったが、企画倒れに終わった。クラブ・イベントへの出演はつづいた。

〔大学1年〕GooFは一浪して私大に入学。YoYoは早くから作曲・プロデュースに関心があり、音大に入学しようとしたが、本格的に学ぶためにアメリカのバークリー音楽学院に留学した。ここでふたりはいったん別れた。この頃、ふたりが目指したのは、ラップであっても、まだ誰もやっていないような音楽にしようという挑戦だった。YoYoはバークリーでジャズのコード理論やピアノを学んでゆく。GooFはほかのメンバーとSOFFetの活動をつづけてゆく。テープの制作もつづけ、SOFFetの人気は都内のクラブ・シーンで広まってゆく。

〔2001年〕9・11のテロを機にYoYoが帰国する。もう充分にSOFFetの音楽を高めるための感覚と技術は修得していた。さっそく、曲づくりがはじまった。この時、パソコンをつかったが、YoYoのサウンド・プロデュースの能力は飛躍的に向上していた。ふたりのユニットになり、池袋のライブハウスで単独ライブを行い、約300人を動員。

「早く結果を出したいと思っていました。バークリーでいろんなことを吸収して帰ってきて、作品にはすごく自信があった」(Y)

ふたたび、すべてのオーディションにテープを送った。結果1700組中5組に残ったオーディションのメーカーからプロ・デビューの話がきた。しかし、そこはメジャーであったが自分たちが望むようなメーカーではなく、断ることにした。

〔2002年〕まだ、アマチュアであったが、そのハーモニーの完璧さ、バークリー仕込みの斬新なサウンドによってクラブ・シーンでの評価は高まってゆく。彼らは作品をライブとテープで発表してゆく。そのテープが、現在彼らが所属する音楽制作事務所のプロデューサーにわたり、

ついにプロ活動の契約がむすばれることになった。まずはインディーズ・レーベルより、ミニ・アルバムがリリースされた。すでに自主制作のテープでは1000本をセールスするほどの人気だったので、アルバムは渋谷の〈タワー・レコード〉で1位を獲得、全国の〈タワー・レコード〉でも軒並みベスト10入りを果たした。

〔2003年〕ほぼすべてのレコード会社がSOFFetの争奪戦をくりひろげ、某レコード会社との契約が決まった。

「誰もやってないことをラップでやろうと、ずっと意識してやってきました」（Y）

「ぼくらがデビューした頃は、いまみたくメロディのついたラップって、ほかにやってる人がいなかった。それでラップにハモってたわけですから、相当異色だったと思う」（G）

プロのミュージシャンたちからも注目を浴びてゆく。平井堅のレコーディングに参加し、CHEMISTRYの作詞も手がけ、ついには2006年、SMAPのアルバムに曲を提供、2008年にはベスト・アルバムがオリコン・チャート初登場10位のヒットとなり、全国ツアーもチケットは即ソールドアウト。

★　★　★

GooFとYoYoは絶対的に相棒だった。そして、まだアマチュアだった頃、自家製テープを買ってくれ、ライブハウスで大合唱してくれた若者たち全員が、彼らには相棒だったにちがいない。

ローリング・ストーンズ／ミック・ジャガー＋キース・リチャード

どん底から立ち直れる。

キースは地元ダートフォードの駅で、ミックと思われる若者の姿を見つけた。7年前まで、家が近所なのでよく会っていたが、両家とも引っ越し、それぞれの世界で生きるようになっていた。あいつは体育教師の息子のミック・ジャガーだ。キースは、「ヨオ、ミック、おまえ、ミックだろ」と声をかけた。ダートフォードはロンドン郊外の町だった。キースはその頃、ダートフォード工業学校を退学処分になったあとアート・カレッジに入学したが、ケンカをすれば灰皿を投げ、クスリもやっていた。キースは札つきのワルだった。だけどキースはブルースに目覚め、ギターをひきはじめていた。ダートフォードの駅でミックと再会した時も、キースはギターを肩にさげていた。

「おまえ、キースか」。お互いすぐに思い出した。「どこ、行くんだ」とミックはキースに聞くと、同じ列車に乗ることがわかった。ふたりともバンドの練習に行くところだった。ミックはレコードを持っていた。チャック・ベリーとリトル・ウォルターとマディ・ウォーターの3枚、うちチャック・ベリーはキースが最も敬愛するアーティストだった。「おまえ、チャック・ベリー聴いてんのか、マジかよ!?」。

ミックは高校時代にブルース・バンドを結成しヴォーカルをつとめていた。でもすでにパブに出いりし、酒を飲み、無免許でバイクを乗りまわし、時に革命家のように保守政党やアメリカ型資本主義を批判するアジテーターとなった。その一方では経済学士の取得をとるべくエリート校のロンドン・スクール・オブ・エコノミックスに進学していた。

自分の町にチャック・ベリーやブルースの熱烈なファンがもうひとりいるのを知ってキースはうれしくなった。列車の中でも音楽の話はつづいた。ギターを見せて、キースはミックに、「おまえ、弾けるか」と聞いた。「いや、オレはローカル・バンドでヘタくそに歌ってるだけさ」とミックは答えた。

キースが先に列車を降りる時、ミックに言った。「おまえ、今度、お茶でも飲みにこいよ、レコードも忘れずに持ってこいよ」。

再会したのは1961年12月のサムデイ。その時ふたりは18歳だった。1962年にはもうふたりは相棒になり、ライブハウスのステージに立っていた。

★　★　★

その数年後にはローリング・ストーンズはビートルズと並ぶトップ・バンドになっていた。しかしその反抗的な姿勢、背徳的な作品は大英帝国の権力者たちの反感を買い、麻薬使用の容疑で逮捕された時には世論の総攻撃をくらいバンドは最大の危機にひんした。刑務所にぶちこまれたミックは独房でひとりすごす夜、「これでストーンズも終わりか」と絶望していると、隣の独房にいたキースが「いまは、耐えるんだよ」と声をかけた。その時、隣に相棒がいなかったら、ミックは立ち直れなかったかもしれない。

人生において一番大事なのは、どん底にある時、はげましてくれる相棒なのだ。

TRUCK FURNITURE／黄瀬徳彦＋唐津裕美

何もかも自然でいられる。

すべてが自然に「現在進行型」のままにある。家具をつくるのも、雑貨をつくるのも、子供がいて、5匹の犬や8匹の猫が動きまわっているのも、店内に商品をレイアウトするのも、そこで働いている人たちや買い物にくる人たちの動作も、会話も、新しいカフェ、工場、店舗、自宅、庭の工事も、その庭にテーブルと椅子を持ちだし、お茶を飲みながら、いまこうしてトリさんとヒリさんと、若い頃のカナダ、アメリカ、バリの旅の話をしている時も、何もかもすべてのことが、この天体の星の運行のように自然で「現在進行型」なのだ。

何か大きな摂理のようなもの、あるいは時間に祝福された生活があった。

「何をするにも気持ちよくいきたいから」とヒリさんが言えば、トリさんは庭つきの家を建てるのも「木の下でお茶を飲みたいからなんです」と同調する。

オリジナル家具・雑貨のインディペンデント・メーカーとしていまや全国的人気を誇る〈TRUCK FURNITURE〉の世界をのぞいてみた。

〈TRUCK FURNITURE〉の世界には、すこしもオーバーじゃなく、FREEDOMというコトバがピッタリくるモノ、空気、ドラマがつまっていた。その世界をつくりだしたのが、トリこと黄瀬徳彦とヒリこと唐津裕美のふたり。ふたりは夫婦だ。

★　★　★

★　★　★

6年前、ふたりはオーストラリアに旅した。ヌーサという海辺の町に一軒家を借りて1ヶ月の休暇をすごした。ある日の夕方、近くの海に散歩に出かけた。海辺には地元の老夫婦がワインを飲みながら、サンセットを見ていた。映画に見るようなシーンだった。思わず、話かけてしまった。「今日は朝5時から仕事してたから、自分でもよくやったと思い、海にワインでも飲みに行こうかと、カミさんと出てきたんだよ」と旦那の話にもふたりは感動してしまった。老夫婦はその日、ふたりを自宅にまねいてくれ、ワインと晩ゴハンを御馳走してくれた。台所にたったのは、当番だからといって、旦那さんだった。奥さんは半分オープンの居間のソファに座り、ワインを楽しんでいた。

その時のことが、ふたりは忘れられない。

トリ「あの人たちは、毎日夕食の前に、ふたりで海辺にワインを飲みに行く時間がある。ぼくはそこでふと思ったんです。夕陽忘れてたなって」

ヒリ「大人になって仕事するようになって、夕方を忘れてたなって」

トリ「仕事して気づいたら夜の10時になってるわけじゃないですか。あのふたりの時間のつかい方、めちゃいいなと思った」

ヒリ「部屋もモノが散らかっているんだけど、つかいこなしてて、夜はキャンドルつけて、その空間も楽しんでるんですね」

そこにふたりはひとつの理想を見る。トレンディなデザインなど家具に追求しない。料理家のケンタロウは〈TRUCK FURNITURE〉の家具の愛好家だ。ケンタロウと〈TRUCK FURNITURE〉は一緒にソファをつくった。別に流行のコラボレートじゃなく、極々個人的に。イメージが最初にあった。古いアパートの部屋。入居したら前の住人が残していった「ぜんぜんやる気のない」ソファ。座った時の感覚・気分は「だふっ」とした感じ。1年試行錯誤の末、イメージ通りのソファが完成した。見た目、アメリカの片田舎のホテルのロビーにあるような年代物。〈TRUCK FURNITURE〉のショップを訪ねた日、ぼくは気がついたら数あるソファの中で、その「だふっ」ソファに最初に座っていた。いきなり睡魔におそわれた。どんな不眠症も、このソファに座ったら治ってしまうのではないか。

ふたりの生活思想を、このソファに見た。

この「だふっ」ソファは現在、人気ナンバーワン！

★　★　★

家具づくりはトリの仕事。ヒリは家具づくりには直接タッチしていない。ヒリの仕事は主に売り場をつくること。でも、「家具屋で働いたことがないので、専門的なおき方は知らない。自分がいいなと思う空間をつくるだけ、間合いの取り方とか」とヒリは言う。そのうち家具づくりにつかって余った布地や革をつかって、ヒリは小物づくりをはじめた。それは〈ATELIER SHIROKUMA〉といい、ぼくは仕事柄必要な革製のペン・ケースを買っていた。それがまたつくりがヘヴィデューティでオシャレ感はゼロに等しいが、一生モノ、2代にもつかえるっていう面魂《つらだましい》をしていた。

★　★　★

12年前、ふたりは一緒になった。大阪の玉造という中心部から外れたところに、共同生活・仕事の拠点をもった。最初、そこは廃墟に近い2階建てのビルだった。その時、すでにトリはひとりで家具づくりの仕事をしていた。ヒリはフリーのイラストレーターとしてけっこう仕事をしていた。ふたりでビルの中に仕事場を持ち生活をいとなむ。そのために廃墟同然のビルを解体業者になりきって、ふたりは突撃！ Gung Gung, Bang Bang ぶったたき、汗まみれホコリまみれになって猛然と改修作業に挑んだ。

〈TRUCK FURNITURE〉で「だふっ」ソファの次に目を惹《ひ》いたのが革製、サイド鋲《びょう》うちの、西部開拓時代のカウボーイの馬の鞍《くら》を連想させるソファだった。見た瞬間、頭の中に、あの『BORN TO BE WILD』が響きわたった。ものすごくアウトローで、ワイルドなスピリットが全体にたぎり、挑戦的だった。見ているだけで「生きる意欲」がわいてくる。

ふたりはほとんど寝ずにバールで余計なものをたたき壊していった。スケルトン状態になった空間に「手がちぎれるかと思った」（**ヒリ**）くらいペンキを塗っていった。それらしい空間は完成して、ふたりは仕事と生活拠点は手にいれたが、月々家賃は32万6千円。まず、トリの貯金が底をつき、「タッチ、交代。来月からわたしが払うって。でも、わ、もうないわ。3ヶ月でわたしの貯金も底ついて、横の飯屋でふたりともウドンしか食べてなかった」というどん底生活だった。

「そこまでいったけど、ひもじい感はなかった」（**トリ**）

「すごく、楽しかった」（**ヒリ**）

こんな状態で、１９９７年1月17日、人知れず、ショップ〈TRUCK FURNITURE〉はオープンした。が、１ヶ月、何も売れず。１ヶ月目に、ひとつ５５０００円のオリジナル家具が売れた。「コレ、くださぃ」とお客さんに言われた時、トリとヒリは自分たちの耳を疑った。思わず、「いま、何って言わはった?」と訊《き》いてしまった。釣り銭さえも用意してなかった。

トリ、28歳。ヒリ、29歳の旅立ちだった。

FURNITUREはFUTUREに似ている。

★　★　★

その１年前、ふたりは雑貨屋で出会った。家具づくりを仕事にしているトリ、フリーのイラストレーターのヒリ。お茶を飲んだ。ふたりは時間も経《た》つのも忘れて、話しつづけた。共通の話題がいくらでもあった。たちまちふたりはしたしくなった。「価値観、好きなものがふたり、まったく同じだったんです」（**トリ**）。いったいどんな話をしたのだろう?

「ブルースの話してて、好きなミュージシャンが同じだった。一番はふたりとも有山じゅんじさんが好きだったこと」（**トリ**）

「有山じゅんじさんの『ぼちぼちいこか』がすごい好きだった」（**ヒリ**）

かつて上田正樹と一世を風靡《ふうび》したR＆Bバンド〈サウス・トゥー・サウス〉を結成したギタ

リスト。ふたりは彼を心底リスペクトしていた。意気投合したふたりは一緒にブルース・バーを開こうと計画する。ヒリは飲食店のノウハウを学ぶためトータス松本も店員をやっていたというチャイの老舗店にバイトに行った。ふたりはオープンにむけてメニューの内容や値段を決めたり、毎晩ミーティングをくりかえした。ブルース・バーをつくって、そこで有山じゅんじにライブをやってもらうのが夢だった。

結局、ブルース・バー計画は消え、〈TRUCK FURNITURE〉となったが、ある日、有山じゅんじは店にやってきて、家具を気にいってくれ、その上、店で4回もライブをやってくれたそうだ。

★　★　★

その数年前、ふたりは別々の世界に生きていた。トリは家具づくりを信州の家具学校で学んだ。卒業後、カナダ・アメリカの大自然をひとりで旅した。旅の途中でボブ・ディランのコンサートも見た。大阪に戻り、木工所で3年半働いたのちに、独立してちいさな工場を借り、オリジナルの家具を制作しはじめた。23歳の時だった。その時は、店に卸《おろ》すぐらいの商売しか考えていなかった。ただ、まだ話題になる前のイームズやハーマンミラーの家具を自分用に買ってはいた。自分の将来に展望があったわけではない。

一方、ヒリは好きな絵の仕事をやりたくて、芸大でテキスタイル科を専攻、卒業しスムーズに大阪本町の繊維問屋に就職した。満員の通勤電車に乗り、仕事は夜おそくまでつづいた。完全にOL生活だった。休暇に、バリ島に行った。バリのすべてがカルチャー・ショックだった。「人もやさしいし、おっとりしてて、裏表なくて、素だった」。こんなOL生活してたらあかん。もっと自分の好きなことをしようと思った。先、どうなるかわからないけど、有山じゅんじの『ぼちぼちいこか』を胸に、OLをやめ、フリーのイラストレーターになった。絵を描く以外にちょっと雑貨もつくりはじめていた。納品に行った雑貨屋でトリに出会った。

★　★　★

高校生だった頃のトリは生意気な少年だった。進学校にかよっていた。ほぼ全員が大学進学を目指してる中で、トリひとりだけ、教師にむかって、「自分が特別したいことに必要だったら行きます」と言ってのけるような少年だった。家具に関心があったわけではない。3年になった時、偶然手にした雑誌に長野県立松本技術専門学校の木工科を紹介する記事があった。トリは山をバイクで走るのが好きだったし、信州の自然環境の中でのんびりすごすのもいいかなと、入学した。

将来に関しては、たったひとつだけは気にしていたことがあった。それは、7歳年上の兄貴に言われたコトバ――「誰かに何ができるかと聞かれた時、これができるとちゃんと言える人間になれ」。それだけは忘れないようにしていた。

★　★　★

ヒリは子供の頃から大事につかっている家具があった。それは小学校の時、両親が買ってくれた。選んだのはヒリだ。ともに暮らし、大人になっても、その机でイラストレーションを描いていた。

★　★　★

トリは子供の頃、実家の自分の部屋が畳だったのを、木材を買ってきて、自分で板張りにしてみたり、「そういう気分って、子供の頃からあった」。

★　★　★

ふたりは夫婦になった。トリはヒリに出会うために生まれてきた。ヒリはトリに出会うために生まれてきた。「根本が一緒だから」（ヒリ）、「別に家具屋をふたりでやろうって結ばれた関係じゃない」（トリ）。

★　★　★

〈TRUCK FURNITURE〉の家具もショップも、物語も、そのすべてから、FREEDOMの波動が伝わってくる。

ON THE ROAD／ジャック・ケルアック＋ニール・キャサディ

バイブルをつくれる。

20世紀を代表する最高の青春文学はジャック・ケルアックの『路上』（原作『ON THE ROAD』）と言ってもいいのではないか。というのも、この作品のタイプ原稿が3億円もの値がついてオークションで落札《らくさつ》されたのだ。この値段を知ったら、ケルアックと、この物語のヒーローであるニール・キャサディは「ヤッホー」と奇声をあげるにきまっている。本の中でケルアックはサル・パラダイス、キャサディはディーン・モリアーティという名で登場し、サルは大学生の落ちこぼれ、若くして結婚し、すぐ離婚している。ディーンは少年感化院出身のアウトロー。このふたりの風来坊のハチャメチャな大陸放浪記が、『路上』だ。本物のバガボンドである。時は1951年。あっという間に彼らは〝若さ〟をつかいきり、夕陽の中に立っている。もう頭上高々と太陽が輝くことはない。

ある時、サルはディーンに本音らしきことを告白する。そのシーンは。

高速道路に架った橋の上でぼくたちは別れた。「こんど帰ってくる時は、ニューヨークにいてくれよ」とぼくはいった。「ぼくの望んでいることは、いつかは家族といっしょにぼくたちが同じ通りに住んで、仲よく一組の老人になることだよ、ディーン」。

と願いながらも、ヒーローであったニール・キャサディは、その後、メキシコの鉄道線路上で、ひとり裸で行き倒れた。〝ビートの神〟は、その死さえも路上だった。ジャック・ケルアックは仲間も友人もいず、アル中になり、孤独のうちに1969年に人生を終えた。

そんな人生を送ったふたりが世に残したロード・ノベルスは、およそ50年たったいまも、人気は高まる一方だ。完成しても6年間陽の目を見ることのなかったタイプ原稿は3億円になった。間ちがいなく『路上』はONE＋ONE物語の金字塔である。ディーンはサルの告白をうけて、こう答えていた。

「うん、そうだな——君も知っているように、おれたち二人がこれまでに起こした面倒や、君の叔母さんが思い出させてくれたこれからさきの面倒を十分心にとめて、おれはそれを願っているよ」

ポータークラシック／吉田克幸＋吉田玲雄

創造力を生きかえらせられる。

10頁に一度、笑いころげる。ハワイ島の天国のような町・ホノカアを舞台にしたコメディ。登場するほぼすべてのアイランド・ピープルが、なんでこんなにおかしいのかって不思議に想う人柄。犬でさえ、バファリンとマリファナが好物。猫でさえ夕食を横取りしようと主人公にガンを飛ばす。

人間だから落ちこむことはあっても、決して病むことのない精神が、この笑いに包まれた物語『ホノカアボーイ』を生みだした。作者は吉田玲雄《れお》。物語の主人公も、その〝玲雄〟である。笑いにつぐ笑い。でも、文庫本中でちょうど300頁目にきた時、やばい。胸に深々と突きささる銀色の矢！

『ホノカアボーイ』は映画化され、2009年春に映画館で公開された。小説は3年前に刊行された。だが、出版が決まる前は、書きあげた原稿を売りこみに行っても、どの出版社にも断られつづけた。

ある日、玲雄のお父さんの克さんが、息子が仕事でアメリカに行き一週間ほど家を留守にした時、息子の部屋に無断ではいり、机の上にあった原稿を読んでしまった。

「もう、笑えるし、泣けるし、なんだ、これはちょっとすごいぞ、と。興奮した。でも、玲雄は何かにつけ秘密主義だから、俺が黙って読んじゃったなんてバレたら面倒なことになる。俺、読んでないよってフリするのがもう、大変で、大変で」

「親父が、ぼくの知らないうちに、編集者に電話してたんですよ。本にしろって。それで、読んじゃったのがわかった」

という、おかしな親子なのである。そのおかしな親子ぶりは、小説の中にたっぷりと書かれていて、愉しませてくれる。

★　★　★

映画館では『ホノカアボーイ』が公開され、有楽町のガード下には吉田克幸・玲雄、ふたりの共作のショップ〈ポータークラシック銀座〉がオープンしたばかりで、ともにマスコミの話題になっていた。

ふたりを店に訪ねると、親子と一緒に玲雄の奥さんと赤ちゃんもきていた。この家族の中で克さんはおじいちゃんだ。家族全員はいったら、ちょっと狭く感じるほどの、ちっちゃな店だった。しかも、そこに玲雄がホノカアにいた時、映写技師として働いていた〈ホノカアピープルズシアター〉からゆずりうけたという1920年代ニューヨークのシンプレックス社製の超大型映写機が堂々たる存在感で一画をしめ、さらに狭くなっている。

それはまるで古い映写室の中にショップをつくった様にも感じ、『ホノカアボーイ』に書かれた一節を思い浮かべた。

「広さ6畳もない映写室に入った瞬間、なんだか、とても謙虚な気持ちになった。狭くとも寛大な、独特な空気感があり、年季の入った映写室は部外者である自分をも温かく迎えてくれた気がした」

ガード下の〈ポータークラシック銀座〉は部外者を同じ気持ちにさせてくれる。時代の移りかわりの中で人々に喜びをもたらす役割を終え引退した映写機にホノカアの長い歴史を感じ、「ゴクローサマ」と思わず手をふれてしまった。

ハシゴをのぼり屋根裏部屋にあがる。天井の低い細長い空間が出現する。貨物船に積まれて、それは旅するコンテナのようだ。古い旅行鞄がいくつも保管されている。壁際にはやはりホノカアから持ってきたというベンチがひとつおかれていた。数日前、エリック・クラプトンがやってきて、このベンチに座り、しばしくつろいでいたそうだ。早や〈ポータークラシック銀座〉は国際的である。それも当たり前か。店のあるガード下は〃インターナショナルアーケード〃と言い、50年ほどの歴史を持つ。クラプトンも70年代はじめ来日した時に此処に買い物にきていたという。〈ポータークラシック銀座〉にきて昔をなつかしんでいた。

普段もそうだが屋根裏部屋で見るふたりはまるで映画『スケアクロウ』のバガボンドふたりのようだ。そう言うと玲雄が「ぼくが一番影響うけた映画って、バディ・ロードムービーですから」と応じる。

〝バディ〟はBUDDY、仲間、相棒を意味するスラングだ。その意味だと通常は〝パートナー〟をつかうが、いま目の前にいる親子はともに浅草生まれの風来坊、バディそのもの。有楽町のガード下にいても、アメリカ大陸にいても、ふたりの気分はいつだってバディ・ロードムービーのようだ。

★　★　★

かつて克さんは〈ポーター〉の鞄デザイナーだった。〈ポーター〉の鞄は街を歩けば何人もの若者がポーター印の鞄を持ち歩く姿を見るというくらい人気商品だ。玲雄は生家の鞄屋の家業を継ぐ道もあったが、自分の人生を自分で設計した。カメラマンになり、小説も書き、いつかは映画も撮ってみたいと想っていた。映画監督以外の夢はかなった。でも、映画に関しては、ホノカアで映写技師の仕事についている時、「なんか、映写やってると、上映する映画つくったワケじゃないのに、そのストーリーを伝える喜びみたいなの、経験できるじゃないですか?」と、映写技師の師匠の、本業は万能木細工師のバズさんに打ちあけている。玲雄はさらにバズさんに「物語を伝えるの、好きなんです。遠い夢なんですけど、映画つくりたい」と言うと、「いいじゃねえか、遠くても。関係ないだろ?」とバズさんは名ゼリフを粋にはく。

仕事は異《こと》なってしまったが、ふたりはよく一緒に旅をした。ジャック・ケルアック『路上』のサルとディーンのようにサンフランシスコからシアトルまで一緒に旅し丘の上のジミ・ヘンの墓参りをしたこともある。そんなバディな親子だった。それもちょっとしたことですぐケンカになってしまう旅だが、ケンカするほど仲がいいってことなんだろうね。

★　★　★

人生について、克さんはこんな話をしてくれた。

「やっぱり出会いなんですよ。それしだいで人生は決まると思う。学校であったり、街で暮らしていたり、旅をしたりする中で、人と出会い、土地と出会い、空気とさえ出会い、俺も玲雄も、ひとつひとつ出会って人間が形成されていったんです。その中でパートナーとも出会っていったんです」

という話が前提にあって、じゃあ、他人ではない親子の関係の中でも克さんの言う〝出会い〟があるのだろうか。親子関係をこえたところで、ふたりはどう出会うのか?

「ぼくたちの場合は、あったんですね。4年前、仕事や私生活でストレスがかさんで親父がぶっ倒れた。その時、救急車で病院に運ばれて、かなり危険な状況だった。入院中の親父から、これからは初心にかえってやりたいって聞いた時、この人がそうやって生きたら、きっと面白いことになるだろうなって思った。それからですね、ぼくははじめて親父と一緒にやっていこうと思ったんです」

その時、克さんが望んだことは生き方そのものを変えるという根源的なことだった。

「ふたりでやるっていうことは事業を拡大するっていうことじゃなく、本当に自分たちがつくりたいものをつくりつづけてゆく、それがちいさいちいさい絵ハガキであっても、人によろこんでもらえるものをつくりつづけてゆく。だから、トレンドとかカッコいいものとか、もうまったく興味ない。生活も淡々と生きてゆく。食べることでも、もうあちこち食べ歩くなんて気はぜんぜんないし、近所ですこし食べさせてもらえれば、もう充分だし、近所でたまに飲みたいお酒を飲ませてもらえたら、それでもう充分だし。なんか、そういう生活が自分にうれしくなってね。その生活の延長で玲雄と一緒に〈ポータークラシック銀座〉をつくったようなもんです。クラシックって古いってことじゃなくて、スタンダードという意味でつけたんです」

★　★　★

ふたりで旅をしていると、旅先で、特別なモノをよく発見した。それも、誰にとっても価値のあるものではなく、ふたりだけが「ワンダー！」と感じるモノ。ほかの人たちが見すててしまうモノ。その中にかくされているモノ本来の美しさをふたりは見のがさない。

「フリーマーケットに行くでしょ。そうすると膨大なモノの中に、パッと、ふたりには見えちゃうの。それも同時に。錆《さ》びついたブリキ缶でも、俺たちにとってはピカピカに光ってるんです」（克さん）

そうやってアメリカのフリーマーケットでふたりはボロボロになった剣道着を見つけ、「その布はオーバーに言ったら、俺たちにとっては神様がくれたモノに思えた」（克さん）

その剣道着のボロ布からインスパイアされ、ふたりは日本でその生地《きじ》づくりの職人を探しだし、剣道着以外はつくらないとがんこなポリシーを持つ職人のもとに何度も足を運びついに話をつけた。そして、その生地をつかって〈ポータークラシック銀座〉初の服と鞄を制作した。

――それはもとに戻すということですか？

「そう。いいこと言ってくれた。鞄でも服でも、この店でも、俺らのやってることは、もとに戻す作業をやっている」（克さん）

「いまはジャケットやパンツ、帽子もつくってるんですけど、これはぼくがハワイにいる時に思ってたものなんですね。日系移民の人たちがプランテーションで働いている時のアロハシャツの原型とも言われてるシャツがベースにある。いま、生地屋で売っているアロハの生地はほとんどメイド・イン・チャイナになってしまっていて、レプリカなんですよ。それがぼくはたまらなくいやだった。だから、糸からはじめて、むら染めしてもとに戻した。ぼくらは、こういうことをこれからずーっとやっていくんです。ぼくらにとって、これはファッションじゃないんです」

（玲雄）

★　★　★

克さんが、純粋にモノづくりを生活の中心におく生き方の素晴らしさに目覚めたのは、1971年のロンドンでだった。その時、24歳だった。当時のロンドンは巨大資本やマス・メディアにたよることなく若い連中が街中に各々ちいさな砦を築き、自由な発想でモノづくりに熱中していた。そんな状況を目《ま》の当たりに見た克さんは、「ぼくはロンドンで、たいした収入がなくても、その中で自分なりの楽しみ方はできた。若くてもお金がなくても、全員しっかりとプライドを持っていくことの素晴らしさを知った」。4年前に病に倒れた時に克さんが振りかえった初心とはこのことでなかったたか。

★　★　★

一方、玲雄はホノカアで映写技師として働いている時、日系の老婦人と出会い、子供のように世話をしてもらう。老婦人の名はビーさんといい、当時、彼女は83歳、1975年生まれの玲雄は24歳だった。小説も映画も、玲雄とビーさんとのスピリチュアルな交流を中心に物語が展開されてゆく。克さんも、ビーさんの人柄に涙するほど感銘する。彼女は女神なのだ。彼女は玲雄の人生にとって航路を示す天空の星となる。

玲雄はビーさんと出会った時に「好きなことだけやったらいい。途中であきらめないで、ずっと好きなことをやりなさい」と御神託をさずかる。

そして、別れる時にも、「お金は二の次ですからね」「一番大事なのは愛情です。好きなことをしっかりやって、頑張りなさい」とはげまされる。

★　★　★

「ふたりでやるっていっても、実際は、俺は原始的になるんです。ガキですね。だから、俺がどうしてもこれをやりたいというのを玲雄に聞いてもらう。そうすると、玲雄が好きなのつくれよって言ってくれる。たのむ、これつくらせてくれ、これやりたいって言った時、一回もいやな顔しない。そういう時ってたまんなくうれしいけど、すまねえなって気持ちも一方にはある。だから親子っていう関係じゃなく、やっぱりパートナーだと思う。それと、俺が生きるべき環境をつくってくれた。住むところもちいさいんだけど、アトリエ、好きな銀座に店もつくって環境をととのえてくれた。俺が体こわしたんで、生きやすい環境をつくってくれた。それによって飛躍的に自分の創造力が生きかえった。そのことに感謝をしている。パートナーがやってくれたことで最高に感謝するのは、そのことですね。多分、俺がくたばる時に、もう一度感謝すると思う」

★　★　★

〈ポータークラシック銀座〉は鉄道の高架線の真下にある。だからたえず列車が頭上を車輪の音をとどろかせて走りさってゆく。東京駅を発《た》った新幹線はジャスト60秒後に真上を通過する。だけど、〈ポータークラシック銀座〉にふたりといると、地球一周分ほどふたりが旅した果ての、そこはふたりの〃物語〃を映しだす〃映写室〃に想えてくる。そのバディ・ロードムービーをエリック・クラプトンは見にやってきた。

だから、ふたりのバディ・ロードムービーのサウンドトラックはクラプトンだ。ふたりがビーさんとすごしたホノカアの夜に流れるのは『ワンダフル・トゥナイト』だ。

そして、物語はつづく。

アンディ・ウォーホル＋ジャン・ミシェル・バスキア

創作を高めあえる。

無人島に持ってゆく一冊の本は、『ウォーホル日記』（文藝春秋）と決めている。この本は20世紀最高の記録文学だ。ウォーホルはアーティストだが自分で文章は書かない。彼はただしゃべるだけだ。それをテープに録音し彼の優秀な専属ライターであるパット・ハケットが文章におこす。そうやって『ぼくの哲学』、『ポッピズム』、そして日記本が生まれた。ゲイはおしゃべりなのかもしれない。ウォーホルは１９７６年11月25日から毎日、朝、パットに前日の出来事を電話で伝えた。ほぼ、毎日、毎朝、１９８７年2月17日まで勤勉につづけられ、２月22日にウォーホルは急逝した。

ぼくは１９８３年にマンハッタンでウォーホル本人に会っている。日記本にひんぱんに登場するペイジの自宅だった。そこにはバスキアもいたし、キース・へリングも、フューチュラもいて、ふざけあった。ウォーホルもそこにいて、みんなで記念写真を撮った。なのに、その日の日記には一言もそのことにふれられてなかった。ペイジの家にきたウォーホルはソックリさんだったのかな。

『ウォーホル日記』の中に、ウォーホルとバスキアのふたりの姿を追うのが好きだ。オンナ好きで、ヘヴィ・ジャンキーで、札つきの不良のバスキアに、ウォーホルの接し方はどこまでも優しい。ヨセフ・ヴォイス、ピーター・ビアード、ヘルムート・ニュートン、ミック・ジャガー、マーティン・スコセッシ、シルヴェスタ・スタローン、ジョン・レノン等巨匠、スーパースターたちと織りなすゴージャスな日常に突然黒人のルード・ボーイが出現する。それが実に痛快だ。

ふたりはバスキアがまだ無名でグリニッチ・ヴィレッジの路上に座りこみTシャツに絵を描いていた頃に出会っている。ウォーホルは何度か10ドル札をめぐんであげてTシャツを買ってくれそうな人を紹介してあげている。

1982年10月4日、再会した時にはもうバスキアは売れっ子になっていた。1983年8月9日あたりから、ふたりは毎日のように会い、いっしょにエクササイズをし、作品を共作する。

★1983年9月5日／ジャン・ミシェルが電話してきて助言してほしいといい、やってきたので話しあった。彼は一発屋で終わることを恐れているんだ。それで、ぼくはそんなことにはならないから気にすることないといってやった。

★1983年10月5日／ジャン・ミシェル・バスキアがオフィスにきて、リディアとエクササイズをした。彼にこれからミラノに行くと話すと、いっしょに行くという。それで空港で落ち合うことにした。四時半まで仕事をした。ジャン・ミシェルがほんとうにくるとは思っていなかったんだけど、空港で並んで待っていると彼があらわれた。ばかだけど魅力的でかわいいやつだ。

★1984年4月12日／ジャン・ミシェルがきた。一晩中、出歩いていたそうだ。二人で合作している絵の仕事をさせた。スパゲッティが食べたいというので、ラ・コロンナから出前をとった。

★1984年4月16日／彼と二人で描いている絵は、どっちがどの部分を描いたかをはっきりさせないほうがいいんじゃないかな。

★1984年5月24日／ジャン・ミシェルがきたが、ずいぶんご機嫌だった。テークアウトの中国料理を食べた。ジャン・ミシェルは黒人たちが叫んでいる大きな絵を描いている。

★1984年9月17日／……うん、でも、ジャン・ミシェルのおかげでぼくの絵の描き方に変化が起こったから、とにかくいいことだよ。

★1984年10月2日／ジャン・ミシェルがオフィスにきて絵を描くはずだったのに、床の上で眠ってしまった。あそこでごろりと横になっているところは、まるで浮浪者みたいだ。

★1984年11月14日／ジャン・ミシェルのパーティのため、タクシーでミスター・チャウの店に行った。すばらしかった。クリストファーやピーターと遊びまわっていた二年間がまったく時間の無駄だったと思うよ。サウナ・バスの話しかしないようなやつらなんてね。ところが、いまジャン・ミシェルとつきあうようになったら、二人で作品はぞくぞくとできるし、彼のパーティにはシュナーベルとかヴィム・ヴェンダースとか、クレメンテとか、ヒット・ソングの「ミッシング・ユー」を歌ったジョン・ウェイトがきている。要するに、クリエイティブな連中とつきあってみれば、違いは一目瞭然だよ。
★1985年5月8日／エリアの大パーティがあった。ジャン・ミシェルが迎えにきていっしょに出かけた。ぼくの「見えない彫刻」を飾ったディスプレー・ウィンドウとジャン・ミシェルの作品の―大きなレコード―は、なかなかよかったよ。
★1986年10月21日／ジャン・ミシェルから電話があった。象牙海岸から帰ってきたんだ。あっちでは蝿だらけの肉を売っているそうだ。（略）声を聞くかぎり、彼は正常だった。ドラッグはやめて、昔を懐かしんでいるみたいだった。またいっしょに絵を描きたいといっていた。

アンディ・ウォーホルとジャン・ミシェル・バスキア。白人と黒人。帝王と悪童。ゲイとストレート。ポップ・アートとグラフィティ。ふたりは仕事と遊びの相棒であった。そのすべてはものすごく画期的なことであった。ピカソは黒人芸術から多大な影響をうけたが、ウォーホルは黒人アーティストを実生活の相棒にしてしまったのだから。出会いが、路上というところもすばらしい。

閃きを正解にできる。

高橋歩＋奥原悠一

Someday,1967――。

ピーター・フォンダはひとりでトロントのホテルの部屋にいた。その日、主演作品『THE TRIP』のキャンペーンでトロントにきてパーティに出席した。その頃、ピーター・フォンダは無法者たちのバイク・ムーヴィーばかりに出演する二流の役者だった。父はヘンリー・フォンダ、アメリカを代表する名優。姉はジェーン・フォンダ、フランスで夫のロジェ・バディム監督とアヴァンギャルドなSF『バーバレラ』を撮影中だった。

パーティの会場でピーターはハリウッドのお偉方に、「いつまでもくだらない映画やってんじゃない。『ドクトル先生』みたいな映画をつくりたまえ」と忠告され、ちょっと気分がくさっていた。

ホテルの部屋に戻り、マリファナとビールでリラックスしていると、最新のバイク・ムーヴィー『ワイルド・エンジェル』のスチール写真が目にはいった。その瞬間、突然、天啓のごとく、映画のアイデアが閃いた。

am4:30——。

ピーターはデニス・ホッパーに電話をかけた。デニスもバイク・ムーヴィー専門の二流役者だった。ピーターは映画のアイデアを話した。

「いいよ、やろう」とデニスは即答。しかし、

「金はどうする?」。

「君が監督やれよ。ぼくが制作。脚本と主演はふたりでやれば、金はかかんないよ」

『イージーライダー』は、こうやって制作された。

後年、ピーターはその時のことを振りかえって、am4:30、朋友デニス・ホッパーへの電話を「正解だった」と語った。

★　★　★

ONE+ONEは、閃きを正解にする力を持っている。

★　★　★

Someday,1993——。

高橋歩はマサキと千葉の本屋にいた。歩、23歳。ヤンキーのカノジョと同棲しているプータロー。マサキ、17歳、高校生。ふたりは歩が仲間とつくったバーで出会った。年ははなれているが、ダチだった。その時、ふたりで本屋をうろついてヒマつぶしをしていた。アインシュタイン、エジソン、キュリー夫人、野口英世……自伝が歩の目にとまった、その瞬間……高橋歩！ 自分の名前が歴史的偉人たちの名に並んだ。閃きがきた。

「ここにオレの自伝あったら、マジ、熱くない!?」とマサキに言うと、17歳の少年の目はキラッと輝き、「熱いっす」。

もうこれで決定だった。

出版経験ゼロ。それまで自伝を夢見たこともなく、資金もない。身近に出版関係者もいない。突然の閃き。しかも、その魂胆《こんたん》は、自伝は偉人や有名人が書くもの、とわかっていて、だから、無名の若僧が出してしまう、逆をいってやる！ ほとんどセックス・ピストルズのノリ、PUNK！

「あの時やらなかったとしても、オレのことだから出版はやってるよ、と言う人もいたけど、それはないってハッキリ言える。もしあの時、マサキが、ちょっとでもそんなことって言ってたら、オレは出版やってなかったと思う。だって、出版やりたかったわけじゃなかったから。マサキが即答でやろうって言ったからやったんだよね」

この計画は実弟のミノルと走り屋のコンを仲間にいれて4人でスタートし、自伝一冊の印刷・

製本代経費200万円、ひとり50万円ずつ用意した。マサキも高校生なのに50万円つくって持ってきた。

それが高橋歩の出版活動のはじまりだった。結果、自分の出版社から発行した自著のセールスは累計140万部の実績をつくり、うち一冊は英語版になり、ニューヨーク近代美術館に村上隆、奈良美智の作品とともに収蔵された。さらに、今年の秋から数年かけて開拓したグローバルな販路を通し世界の英語圏で売られることになった。

★　★　★

だけど、はや15年になる出版活動も、その航海は順風満帆だったわけではない。スタートから船は難破した。発行しても売れない。二冊目も不発。借金をかさねていった。人もはなれていった。実弟のミノルだけがのこった。兄弟ふたりで、借金3000万円。どん底だ。ミノルは「最強」の相棒だった。

「あいつオレが知らないうちに、貧乏自慢みたいなテレビ番組に申しこみしてた。それが審査通過しちゃった。あいつ、それで、けっこう熱いんじゃないってよろこんでたんだけど、それは親が泣くからやめようぜってなって。でも、このままいったらオレらホームレスだぜ、どーするってふたりで話しているうちに、あいつはデザインできるから、じゃ、ミノルが超カッコいいダンボール・ハウスつくって、オレらそこに住むんだよ。それで、ホームレスの連中にアイツらちょっとちがうって思わせて、オレがどんどん連中を取材して本つくって、それ売ろうって、借金かかえてるのにふたりで熱く語っていた。トム・ソーヤとハックルベリー・フィンのふたり組みたく、ツリーハウスで悪だくみするみたいな気分がその頃からあって、それはいまも同じかな」

難破した船はほとんど沈没しかかった。陸に逃《のが》れるボートもない。海面にのこった板きれ一枚に、兄弟ふたりがしがみついて、「カッコいいダンボール・ハウスをつくって」と熱く語りあっている。ミノルは「もうやめよう」とは言わなかった。そのふたりを見て男気を感じ海賊がひとり、ふたりと集まってきた。ミノルはいまも歩の出版活動の「最強」の相棒だ。

★　★　★

Someday,2001――。

歩は沖縄にいた。出版活動も軌道にのり出す本がすべてベストセラーとなり航海はどこまでも順風満帆となったさなか、妻サヤカさんと1年8ヶ月に及ぶ世界旅行に出てしまった。その旅の果て無一文となって沖縄に流れついた。

旅の途上で泊ったゲストルーム＋カフェ＆レストラン、それもアイランド・スタイルの解放感を沖縄で求めている自分がいた。海辺に閉鎖されていた2階建ての社員寮を見つけた。安く借りる話がオーナーとついたので借金をして借り有志を集めて自力で改装しイメージ通りのゲスト・ハウス〈BEACH ROCK HOUSE〉を完成させた。泊まれて飲食もできライブも楽しめる〈BEACH ROCK HOUSE〉はすこしずつ若者たちに知られていった。

その日、歩はバー・カウンターで酒を飲んでいた。隣に泊まり客のひとりが座っていた。自然、話はじめていた。その客は奥原悠一だった。彼は広島でレストランを経営しモルジヴのスラングで〝大バカ野郎の集まり〟を意味する〈ボルボーゴス〉を自社名にするような風変わりな男だった。

お互い29歳。瀬戸内海の無人島に2000人も集めたパーティも主催していた。

お互い面白く店もやっている。バー・カウンターで肩並べてバーボンを飲み話がはずんだ。

「店も閉店して誰もいなくなったカウンターで、外が明るくなるまで飲みました。オレはその時、歩が何者かよく知らなかった。でも、言葉が共通していた。オレが何か言うと、歩がわかるわかる、オレも本に書いたって言って、その時、5冊プレゼントされて。その一晩で、歩的な言葉をつかうと、〝スパーク〟したんでしょうね」（悠一）

★

★

★

歩は東京っ子だ。1972年に生まれて、子供時代を港区高輪の団地ですごした。お祭りの縁日で買ったヒヨコたちを親に内緒でニワトリになるまで育てることに燃えていた。何事も、まず、歩が思いつき発火し、ミノルがすぐ興味を示し、「だけど、何でもあいつの方が即きわめる」（歩）。

一方、悠一は広島県呉市に生まれ、子供の頃は祖父と毎日のように瀬戸内海の海に釣りに出ていた。「釣り糸をたらすと海の深さがわかるでしょ。糸を通して、この水に地球はすべておおわれているんだって、ものすごいパワーを子供心に感じていた」悠一は100パーセント海っ子だった。弟がいたが、バイクの事故で亡くしていた。

街っ子と海っ子は2001年の夏のある日、沖縄の流れ者の宿で出会った。ワンナイト〝スパーク〟でふたりは別れた。その年の秋、広島にいた悠一のパソコンに歩からのメールが送信された。新刊本のキャンペーンで広島に行くので、そのイベント主催の依頼だった。広島でふたりは再会し、その時からつきあいがはじまった。

この頃、歩は沖縄の無人島にすべてを自給自足、自然エネルギーによるエコ・ビレッジを建設しようと活動していた。その島プロジェクトの飲食部門のプロデュースを悠一が担当することになった。

「その当時、オレは2店舗の出店をひかえてたけど、歩から島プロの飲食店のプロデュースやってよって言われて、あっ、面白そうって、ふたつ返事だった」。候補地を探すために沖縄の島々を一緒にめぐった。

そんな折、歩がバイクで走行中、ひき逃げで全身打撲の瀕死の重傷をおう。3日後にサヤカさんの出産をひかえた直前の大事故だった。1週間集中治療室で意識不明の緊急事態。歩はピンクとパープルのサイケデリックな花畑の幻覚を見ながら生死の境をさまよう。1ヶ月後に退院。子供と対面。生還した歩は、これからやるすべてのことを、一生つづけるライフ・ワークにしていこうと決めていた。そこで、島プロジェクトの総合プロデューサーを悠一にまかせることにした。が、容易には運ばなかった。地元民の反対、ヤクザの脅迫、ネットに渦巻く誹謗中傷《ひぼうちゅうしょう》。

「そんな時も歩はあきらめなかった。より想いが強くなっていって、それまでの関係者をほぼ全員やめさせたんです。もう一回、やり直すぞって動きだした」

歩は沖縄で悠一と行動をともにするようになってから、自分にはない相棒の〝野性〟力を知る。ある時、無人島にキャンプしている時、沖に鮫が発見され、海上自衛隊のヘリが出動してきた。その日、食糧調達のためにゴムボートで沖に出て魚を釣っていた。海上自衛隊の警告により、みんな島に避難した。だけど、食糧は必要だ。「どうする」と言っていると、悠一が「オレがとってくる」と沖のゴムボートまでひとり平然ととりにいった。

「悠一は迷わず行く。野性の力があるんだけど、ビジネスの話も細《こま》かくできる。ぜんぜんオレより能力が長《た》けてる。やっぱり、そっちのガキ大将だったんだなと思った。あいつ広島にいて、ずっとリーダーやってきたけど、歩とだったら、ナンバー2でいいってハッキリ言ったから」

エコ・ビレッジは無人島でなく沖縄本島の山の中に悠一の総合プロデュースで完成した。

★　★　★

Someday,2005——。

歩は沖縄で子育てに専念していた。九死に一生をえた事故ののちに、はじめての子供と対面。「子供ができてから変わった」歩は、「昼間はずっとお父さんやってるから、昼に電話してくることはない。それがオレがミーティングしている昼に歩から3件くらいケータイに着信履歴がはいった。だから何かあったのかなと思って電話したら、あのさぁ、悠一、いまさ、思いついたんだけど、ニューヨークに店あったら面白そうじゃない? 悠一、どう思う? 悠一がピンときたら、これゴーだから。オレ、ピンときちゃったんです」

その瞬間から、世界に遊びの拠点（宿や店）をつくってネットワークするふたりのライフ・ワーク〈PLAY EARTH〉がスタートした。

「世界一周した時、ニューヨークには行ってなかったし、あの日、ニューヨークに店あったら、カッコいいって思いついて、もういてもたってもいられなくて悠一に電話したのね。朝、ニューヨークで近所のコーヒーショップのおばさんに、Good Morningって言ったら、Good Morningって言われて、もうそれでＯＫっていうね。でも悠一があの時、やろうって言わなかったら、じゃあテキトーにまたって気分でやってないね。自伝の時と、すごく似てる」

歩の口ぐせは――「この胸のときめきがきたってことは、もうそれだけでＯＫなんだよ」

ニューヨーク、Good Morning、ときめき。のあと、思い出す。ボブ・ディランのグリニッヂ・ヴィレッジ、ジョン・レノンのダコタ・アパート……。

「あるのは、わくわくだけですね。あとは最初、何もない。ニューヨーク行ったこともない。英語もしゃべれない。資金もその時はない。ニューヨーク、大変そうって考えたらやめますよ。歩と、〝やりたい〟が〝やんなきゃ〟ってなったらサクッて閉めようぜって約束した。ハードル高ければ高いほど燃えます」

★　★　★

それまでやったことがない。それについて何も知らない。金もない。は彼らにとって、それをやらない理由にならない。失敗してもやりつづける。困難はむしろそれをやることの楽しみのひとつ。
「頭、混乱するくらいがいい。何か、生きてるみたいな」（歩）
「エコ・ビレッジの時も、歩が言うんです。飲食っていったら食べ物じゃん、食べ物っていったら、農業、畜産、漁業もあるじゃん。悠一ならできるよねって（笑）。オレ、何も知らないんですよ。釣りは経験あるけど、ほかは何も。それでオレ、オーストラリアまで農業の勉強に行ったりしました」（悠一）

ニューヨークの話はすぐやることになった。まずは、行ってみるかとふたりでニューヨークへ。展開は早かった。知人に案内された物件が、グレート・ジョーンズ・ストリート57番地、2階建ての古いもとアンディ・ウォーホル所有のビル。そこをグラフィティ・アーティスト、バスキアがウォーホルから借りて生存中アトリエにしていた。ふたりとも大好きなアーティスト。1階はすでにレストランが営業していたが、2階を間借りすることができた。そこをオフィスにして、英語圏での出版活動を目指す〈ワンピースブックス〉を開設。そこを拠点にレストラン（名前は〈ボヘミアン〉と決めていた）用の物件を探すうちに、1階のレストランが出て行くことになったので借りることにした。現地で若いふたりの日本人がその計画にのってくる。悠一はバッグひとつで、ニューヨークと東京、自社と自分の店がある広島を往来する。ニューヨークはビジネスの最前線だ。店ひとつつくるにしても、法律が厳しく山のような手続きを要する。建設にはいれば労働者の中国人やプエルトリカン、黒人とのもめごとがたえない。一歩進んで二歩後退という状況がつづく。その一方では、歩が賛同者をつのって資金集めをする。金額のスケールこそちがうが自伝本出版の資金づくりと同じだ。

〈PLAY EARTH〉はやがて世界へと拠点がひろがり、まさにEARTH（地球）のイメージをつくりだすのだろうが、海外の拠点の一発目、もとバスキアのアトリエ・ビルを工事している最中、PLAYは地中へとむかった。

★　★　★

「床をはがして下の土を1メートルぐらい掘ったら石畳がでてきたんです。それも真夜中です。石畳の下に何があるのかって掘っていったら、遺跡みたいに、きれいに石で組んだ三角形の穴が出てきた。室内マイナス20度で、もう汗だくになって掘っていった。そしたら、底のところに、ビー玉ぐらいの、表面をけずって丸くした紫色のガラス玉があったんです。何か特別な鉱石だと思うんですけど、穴の中からそれを持ってきた。何だかわからない。でも、その穴といい、ガラス玉といい尋常じゃない。その日が12月24日、サイコーのクリスマス・プレゼントだった」(悠二)

★　★　★

その頃、家族が4人になった歩は2度目の世界一周旅行に出て、南米のパタゴニアにいた。ひとりは大陸を家族で旅し、ひとりはマンハッタンの地中でトレジャー・ハンティング。それが

PLAY EARTH。

★　★　★

「出会ってから歩と一緒に旅して、一緒にいろんなもの吸収して、何かやる時に、イメージやアイデアがいくらでもでてくる。それがオレの楽しみですね。ニューヨークの店はもうオープンしてオープニングのパーティには100人ぐらいきてくれました。すでに2週間先まで予約がとれない盛況です。ここからまた面白いことがはじまる予感がする」（悠一）

★　★　★

Someday,2009——。

6月、歩はキャンピング・カーで西海岸からアラスカにむかう旅の途上、一時帰国した。ひさしぶりにふたりは東京で顔をあわせた。その時の歩の第一声。

「悠一、次、バリ島どう？」

「やろうよ」

ハーレーダビッドソン／ウィリアム・S・ハーレー＋アーサー・ダビッドソン
ノース・フェイス／ケネス・ハップ・クロップ＋ジャック・ギルバート
クイックシルバー／アラン・グリーン＋ジョン・ロー
クロムハーツ／リチャード・スターク＋ジョン・バウマン

世界ブランドをつくれる。

コンピューターのテクノロジーが民間に普及しビッグ・ビジネス、ニュー・カルチャーとなってゆく前夜、ふたりのスティーブはパソコン製造に没頭していた。アメリカはカリフォルニアのちいさな町のガレージが作業場だった。〈アップル〉の創業は、そこからはじまった。1971年のことだった。

その年からさかのぼること約70年前、やはりアメリカ北東部の町・ミルウォーキーのガレージでふたりの若者がマシン製造に没頭していた。この頃、1885年にドイツのゴットリーブ・ダイムラーが自動車とモーターサイクル1号を製造し、それをキッカケに世界中で自動車産業が勃興《ぼっこう》していった。そうした社会に刺激をうけて、ウィリアム・S・ハーレーとアーサー・ダビッドソンは自分たちの手で新しいモーターサイクルを製造しようと手を組んだ。結果、1903

年にハーレーダビッドソン第1号が完成した。エンジンの排気量は409cc、出力は3馬力。自転車のフレームを本体としたその第1号モデルは友人から3台注文がはいった。この頃、空には飛行船ツェッペリン号が飛行し、ライト兄弟が飛行機を発明、06年にはロールスロイス1号車が誕生と、時代は新世界への幕を華々しく開けていった。そんな時代、14平方メートルの木造小屋から、あの〈ハーレーダビッドソン〉がふたりの若者の野心によって生まれた。

先に書いた〈アップル〉、そして〈ハーレーダビッドソン〉、世界を制覇《せいは》した不滅のブランドは、アメリカで若いふたりの男の野心から誕生した。

ほかにも、まるでそれがひとつの定理であるかのように、我々になじみがあり、どこかにアウトサイダーのスピリットを感じるブランドはふたりからはじまっている。

世界的アウトドアブランドの雄、〈ノース・フェイス〉はアメリカ西海岸のカウンターカルチャーの真っ只中から生まれた。1950年代にビート詩人たちがたむろしたサンフランシスコのノース・ビーチの書店〈シティ・ライツ・ブックストア〉は、1960年代後半には、ヒッピー・ムーブメントの聖地になっていた。サンフランシスコの若いヒッピーたちは〈シティ・ライツ・ブックストア〉をのぞき、ギンズバーグ、ジャック・ケルアック、ゲイリー・スナイダーらの本を買い、その本をバックパックにつめて旅に出ていった。誰もが、古い価値観にしばられ、とらわれた自分自身を変え、ビートニクの哲学をもって新しい何かを成しとげたいと考えていた。そんな若者たちの中に、スタンフォード大学院でMBAを取得したばかりの青年ケネス・ハップ・クロップとその相棒ジャック・ギルバートがいた。ふたりは、新しいビジネスを模索《もさく》するうちに、〈シティ・ライツ・ブックストア〉の斜めむかいにあったちいさなアウトドアショップに可能性を感じた。そこはダグラス・トンプキンスというマウンテン・ガイドが創業したショップで、店名を〈ノース・フェイス〉といった。ケネスとジャックは、このショップを拠点に、ただモノを売る商売ではなく、ジョン・レノンが歌で世界を変えようとしたように、スリーピング・バッグで世界を変えようとした。そのためには既成のルールにとらわれず、独自の哲学と閃きでモノをつくりだしていく。それが〈ノース・フェイス〉の精神となった。

★　★　★

〈クイックシルバー〉もそうだ。現在はカルフォルニアのハンチントン・ビーチに本拠地をおくが、創立は1969年、オーストラリア南部ヴィクトリア州ベル海岸だった。そこにアラン・グリーンとジョン・ローという若いサーファーがいた。ふたりは既製のボードショーツがそのつくりも素材もデザインもすべて古いと感じていた。音楽でいえば、ジミ・ヘンが活躍する時代に、ビーチボーイズを（それはそれでノスタルジックな夢もあるが）、聴いているような気分だった。サーフ・ショーツは進化しなければならない。自分たちでつくるしかない。DO IT

YOURSELFの思想・生活が当たり前の時代だった。結果レインコートの素材をつかうことにより、カラフルで速乾性に優れたショーツをつくりだした。これが〈クイックシルバー〉の原点となった。クイックシルバー・メッセンジャーズというロック・バンドがサンフランシスコにいた。いわゆるヒッピーバンドだ。バンド名がブランド名になった。

ロゴ・マークは葛飾北斎の富士山と大波の浮世絵を引用し、〈クイックシルバー〉はボード・ライディング・カンパニーとしてスタートした。彼らは自作の商品を持って、世界中、売り歩いた。プロ・サーファーたちからも絶大な信頼をえて、世界的ブランドへと成長していった。現在、全世界に約150店ほどのショップを経営し、500人ほどのプロ・サーファー、スノーボーダー、スケーターをサポートしている。

シルバー・アクセサリーのハイ・ブランド〈クロムハーツ〉も、はじめはふたりだった。1980年代中頃、カリフォルニアのマリブが舞台。リチャード・スタークという若い大工がいた。彼はハーレーダビッドソンを愛するバイク・ライダーだった。リチャードは大工仕事のほかに、皮革をあつかう仕事もしていた。バイク・ライダーのリチャードは皮革製のアクセサリーを身につけることもあって、皮革の魅力に目覚めていった。やがて大工をやめ、なめし革のセールスマンになった。世界中の皮革製作工場を訪ね、取り引き先をひろげてゆく。

その頃、ジョン・バウマンという若い皮革製品のセールスマンがいた。リチャードが優れたなめし革をあつかっているという情報をえて、ジョンはリチャードにコンタクトした。話してみると、リチャードはバイカーの視点から、皮革製品を開発しようとしているのを知った。ジョンも同じことを考えていた。意気投合し、「売れるモノよりも自分たちの欲しいモノをつくる」というポリシーで、ふたりは組むことになった。そこに、いまやカリスマ・デザイナーとなった天才彫金細工師レナード・カムホートが参加。「レザーとシルバーの融合」が、〈クロムハーツ〉の美を完成させることになった。

ブルース・ブラザース／ジョン・ベルーシ＋ダン・エイクロイド

タコツボの中の戦友になれる。

アメリカの田舎町にいたジョン・ベルーシは高校生の頃から人気者だった。フットボールで活躍し、ロック・バンドも結成、インディーズでレコードを制作、演劇にも関心があり、学園祭では人を笑かす芝居をやって、スターだった。父親はシカゴでレストランを経営していたが、商売はうまくいっていなかった。将来はベルーシにレストランをまかせようと父親は思っていたが、本人にその気がまったくなかった。将来はコメディアンになりたかった。大学に入学し、仲間と劇団を結成。

ベルーシの持ちネタは、ロック・スターのパロディ。特に、ジョー・コッカーの形態模写を得意とした。全米一のパロディ雑誌『ナショナル・ランプーン』は劇団も持っていて、そこにスカウトされた。ニューヨーク公演で一躍脚光をあび、ジェームス・テイラー、ギリシャ人の大女優のメリナ・メルクーリ等もベルーシを見に小屋に足を運んだ。

この頃、カナダに同じようなコメディアンがいた。ダン・エイクロイドだった。ステージでは、ニクソン大統領のマネが抜群だった。有名人ネタばかりでなく道路工事人のマネも笑わせてくれた。ベルーシはカナダ公演中のエイクロイドを訪ねた。会った瞬間、意気投合し、そのままステージに出て行って即興で芝居をやった。この時、ベルーシは23歳、エイクロイドは弱冠21歳だった。しばらくすると、ふたりは全米ナンバーワン人気となったコメディ番組『サタデー・ナイト・ライブ』で共演していた。

映画『1941』で彼らと仕事をしたスティーブン・スピルバーグは彼らの関係を「タコツボ壕の中の戦友のようなものだ」と評した。「お互いの側面を防衛し、缶詰の食料を分けあい、そして死ぬ時は一緒なのだ」。

ふたりはブルース・ブラザースとして映画界に、そして音楽界にも進出し、大成功をおさめる。何でも欲しいモノは手にはいった。ふたりはニューヨークにブルース・バーを持ち、ヴィンヤード島に各々別荘を買った。ある時、その島でベルーシはエイクロイドに自分が死んだ時、葬式でザ・ベンチャーズの『十番街の殺人』を流してくれとたのんだ。1982年、32歳でベルーシは死んだ。

エイクロイドは実際、島でかわした約束を守り、そしてベルーシをヴィンヤード島の墓地に埋葬した。葬儀の時、出席者全員が黒い喪服を着て式にのぞんだが、エイクロイドだけ革ジャンだった。棺の前に、ひとり革ジャン姿でたたずむエイクロイドを撮った写真があるが、その写真を見るだけで、胸がいっぱいになってしまう。死ぬ時は一緒のはずの戦友をなくし、ただただ途方に暮れたエイクロイドが、そこに立っているのだ。

プロペラ犬／水野美紀＋楠野一郎

ホームグラウンドを持てる。

男と女、たったふたりのアングラ劇団。そのふたりが共同主宰者であり、男は台本を書き、女は舞台に立つ。演出家、共演者、ほかの制作スタッフは外の人におねがいする。その交渉、資金集めやほかこまごましたこと、たとえば宣伝のためのフライヤーをつくり、それをまくこと、衣裳やちょっとした小道具の制作、経理、いくらでもあるこまごましたことはふたりで分担してやる。自主公演のリスクを半々におい、すでに2回の公演を成功させ、演劇ユニット〈プロペラ犬〉は今年3年目3度目の公演にうってでる。

★　★　★

〈プロペラ犬〉をぼくはよくたとえていうんですけど、下町のちいさなパン屋さんみたいなもんだって。自分らでパンをつくって、さらに言っちゃうと、ちいさな自分らの畑もあって、そこには何植えてもいい。じゃあ小麦を植えて育てて、それでパンをつくろう。で、つくったからには、多少なりともどうしたら売れるかふたりで考える。ちいさいながらも畑があって、工場もあって、それは自分らの好きにできる。パン屋さんにつとめるんじゃなくて、自分らでやる。うちらのパンを買ってくれたら、またきてもらいたい。そう考えてやってると、やることは自然とシンプルになって、パンおいしくするにはどうしたらいいか――と主宰者で脚本家の楠野一郎。相棒は水野美紀。幾多のＴＶＣＦやＴＶドラマ、映画で一世を風靡《ふうび》した女優である。彼女はいまは〈プロペラ犬〉をホームグラウンドとし舞台女優の道を歩んでいる。それは彼女にとって、少女時代に夢見た生き方だった。

★　★　★

子供の頃から、何か惹《ひ》かれる世界がある。そこに資質が形成され、人は仕事の可能性を見い出しもするし、逆にどんなに仕事に恵まれていても、限界を感じてしまうこともある。人は出会った時、その資質が引き合うようになる。

「多分ふたりとも基本的に性格が真反対なんですけど、共通するのはヘソ曲がり。非常にヘソ曲がりなんです」（楠野）、というふたりが芸能界にいた。

★　★　★

彼女は現在34歳。三重県四日市に生まれた。小学校時代は「毎日習い事をしてました。日本舞踊、バレエ、ピアノ、合唱団、水泳、習字、ソロバン、何でも。すごく忙しい子供でした」。福岡に引っ越し、小学校6年、『ガラスの仮面』という少女マンガに出会う。主人公・北島マヤへの憧れが芽生《めば》える。

「見た目はさえない普通の女の子なんです。彼女が劇団にはいるところから物語がはじまって、やがて天才女優になってゆく。でも、舞台では仮面をつけて役を演じてるけど、ほんの些細《ささい》なことでガラスが割れるように本当の自分に戻ってしまう。それで『ガラスの仮面』。彼女が芝居に没頭《ぼっとう》する時の、その熱がすごいんです」

というまだ無名の少女がいた。

★　★　★

彼は現在41歳。生家は文京区のちいさな印刷屋。10歳の時、『スター・ウォーズ』が公開された。R2D2とC3POのロボット・コンビにわくわくした。13歳、TVで『スティング』を見て、主役のポール・ニューマンとロバート・レッドフォードのいかさま物語に、子供ながらに脚本の力を感じた。中学3年、ラジオ番組の面白さを知った。聴いていたのは関根勤と小堺一機の深夜放送。「テレビのふたりとはちがって、その番組のふたりのトークはアナーキーでスピーディで、毒があって狂ってたんです」。聴いているだけでは満足できず、彼はコント・ネタを書いてせっせと投稿し、よく番組で読まれた。ふたり組に惹《ひ》かれる少年がいた。

★　★　★

中学1年の夏休み、彼女はちょっとした好奇心からタレント・オーディションに応募した。地元・博多での地区予選を勝ちぬき、東京決戦に出場、準グランプリ入賞。東京の芸能プロダクションとタレント契約した。といっても中学生なので福岡在住のもと、週末だけ上京し基礎レッスンをうけていたが、中学1年生のうちに旭化成のTVCFに出演し、デビューを飾る。高校進学と同時に上京。通学しながら、レッスンもつづけ、芸能活動がはじまる。世はVシネマ全盛期。

「高校生なのに『くノ一忍法帖』とかヤクザの親分の奥さん役やったり。昼ドラもでたし、あとアクションの特訓もやってたので特撮物の『ファイブマン』とかもやりました」

高校3年生で化粧品メーカーのTVCFに出演し、脚光を浴び、ドラマ出演の仕事がはいるようになった。でも、上京してからは事務所のタレント管理が厳しく、街で遊ぶことはできず、唯一の楽しみが自宅と学校の通学路の途中にあったビデオ屋でレンタル・ビデオを借りて見ることだった。日に2、3本も見ることもあった。見るのはフランス映画が多く、高校生なのにブリジット・バルドー、ジャンヌ・モロー、カトリーヌ・ドヌーヴの作品を見、『ベティ・ブルー』は好きな作品の1本だった。

★　★　★

彼は高校3年生になっていた。ある日突然彼のもとに関根勤から電話がかかってきた。関根勤は本業のTVの仕事とは別に自分の劇団〈カンコンキンシアター〉を旗あげしようとしていた。そのためブレーンとなる作家を探していた。深夜放送に投稿していたコントのセンスが買われ、彼は18歳で劇団の仕事をはじめた。大学にかよいながらコンビニでバイトもしながら、彼はコントを書いた。仕事はふえてゆき、やがて『オールナイト・ニッポン』のオーケンこと大槻ケンヂの番組の構成作家に起用された。

「仕事一緒にやってオーケンとは非常に波長があった。面白いと思うことがまったく同じだったし、それを生《なま》でそのまま全国に発信できる。はじめての手ごたえを感じました。バンド・ブームのちょっと前で、筋肉少女帯の時のオーケンはある種インディーズの尻尾を持ちつつメジャーにうってでれる人だった。つまりアングラのものをメジャーの棚にのせて、道行く人にどうですかってちゃんと見せられる才能、それに感銘した。それで、ラジオの場合、ぼくはしゃべり手の前にいて、しゃべり手との呼吸を見ながら、言葉にはださないけれども、相づちをうったり、笑ったりということで、まさにコラボレートして空気を高めていく感じが深夜のパーソナリティ番組にはあった。生放送ですから、訂正のきかない、ある種ライブの気持ちよさはあった」

密閉空間だけど、そこに自分がいて、パーソナリティとともに番組をつくり、たくさんの人のもとにいまこの瞬間に届いているという共生感。それこそが、〝アナログ〟の核心だ。オーケンと彼のコンビによる１９９０年代前半の番組は、伝説となった。その時、彼は20歳をすぎたばかりだった。

彼はその後、放送界で順調に仕事をつづけてゆく。ＴＶの人気バラエティ番組や連ドラの脚本も書くようになる。放送作家としてのランクもあがり収入もふえてゆく。何も迷うことはないはずなのに、いつからか空しさを感じるようになる。

「ぼくはアングラが好きなんですけど、アングラの世界で閉じてしまうのはいやだった。それはオーケンと番組をやってわかったことだった。と同じように、テレビの中で閉じてしまうのもいやだった。アングラの中で閉じるのも、テレビの中で閉じるのも、じつは変わらないと思えた。そこで、ぼくは映画か芝居かわかりませんが、物語の脚本を書く仕事をやろうと思ったんです」

★

★

★

「わたしは16歳ぐらいから10年間、ただただ目の前にきた仕事をがむしゃらにやってきたんです。自分で何をしたいかなんて思う余裕もなく、とにかくがむしゃらに。27歳ではじめて連続ドラマの主役をやることになって、そこが自分の大きな目標だったので、達成感はありました。その後も大きな仕事がどんどんはいってきたんですけど、もう役柄のイメージもわからなくなって、カメラの前に立つと不安におそわれて、ちょっと鬱《うつ》になったし、こんな状態でつづけてゆけるのかっていうところまでいってしまった。これからわたしは次、何にチャレンジすればいいんだろうっていう時に、芝居、舞台と出会って、コレだって思った」

28歳。彼女のアクションに優れた演技が買われて、〈劇団★新感線〉の新橋演舞場公演『アテルイ』の舞台に立った。共演は市川染五郎、堤真一。初の舞台だった。

「その時、自分がやってきた演技がぜんぜんだめだってわかった。わたし、舞台じゃ、ど素人だって。そこで、もうやめようじゃなくて、もっともっと舞台をやってみたい、そう強く思う自分がいた。そんな自分とはじめて出会った。でも、わたしがいた事務所は映画、TV、CMを中心で売りだすカラーだったので、その中で自分だけ舞台をやるっていう活動は通らない。決意はかたかったです。給料もなくなる、人気もなくなるかも知れない、でも迷わず舞台を選んでました」

そして彼女はフリーになった。テレビ・映画の世界では必ず主役をつとめる人気女優になっていたが、舞台ではキャリアのない新人。北島マヤの新人時代に等しい。だけど、彼女にはある資質があった。

「舞台の仕事では1ヶ月の稽古期間をいやがる役者さんはいっぱいいるんですが、わたしはこれが本当に楽しい」

彼女は舞台役者となって〈劇団★新感線〉の『髑髏城の七人』、〈阿佐ヶ谷スパイダース〉の『桜飛沫』、『開放弦』、『ワンマン・ショー』等の舞台に立つようになる。

★　★　★

そんな活動をはじめた水野美紀を、楠野一郎は見ていた。事務所をやめてしまった。それは芸能界にあっては無謀《むぼう》とも思える決断だった。でも、そんな彼女を「あの人の場合、まわりがやると思ってないことをやりたい人だと思う。そこも自分と似ている」と見ていた。

彼女が21歳の時、ふたりは出会っている。オーケンの仕事を通して知りあった。オーケン主催の飲み会でよく会った。いつか、一緒に何かやろうとは話していた。その後彼女はフリーになった。

「2006年ですね。ぼくは自分のお金で小屋を借りて、自分で脚本書いて芝居やろうと思った。自分でお金だすんだから、何やってもいいわけです。それで、ぼくは彼女にその芝居の演出をたのみに行ったんです」

そこから〈プロペラ犬〉へと話が発展してゆく。コメディのオリジナル脚本を読んだ彼女は、その話にのった。ただしやるんなら、共同主宰となって、作家・役者のユニットを組み、しかも1回限りでなく1年に1度自主公演をし、最低10年はつづける約束をした。

「劇団は旗あげすることになったけど、ふたりとも何をしたらいいのか、何も知らなかったんです。でも、やればなんとかなるだろうと、突き進んだ」（水野）

★　★　★

〈プロペラ犬〉の芝居はコメディだ。ティム・バートン監督『シザーハンズ』やタランティーノ『キル・ビル』らがネタとして引用されていたり、香港の本格アクション映画にも出演した彼女のバトル・アクションが映像となってドラマにインサートされたり、全体的にオフ・オフの調子が強いが、かなりのお転婆ぶりを見せ、楠野さんはハラハラドキドキのしっぱなしだ。

「よくいえばピュアなんですけど、〈プロペラ犬〉ははたから見ててドキドキすることはたくさんあります。水野が舞台で三点倒立をするんです。稽古場で、倒立してる時に首がグギッとなった。本人が勝手にやりだして、まわりとしてはやめた方がいいんじゃないかなって空気はだしてますよ。万が一のこと考えて、主演女優だし。でも、本人は大丈夫、大丈夫ってやりきって、最後は三点倒立きれいにできるようになったんですけど。そういうこともふくめて、ハラハラしますね」

と言えば水野さんは、

「楠野さんは何事にもすごくこまかいんです。心配性でね。わたしは人生たいがいなことはなんとかなるって生きてますから。性格は真逆なの。だから、バランスはいいんです」

★　★　★

〈プロペラ犬〉の年一度の公演以外の時は、彼女はビジターとしてほかの劇団の舞台に立つ。そんな彼女にとって〈プロペラ犬〉はホームグラウンドといえる。

「ホームグラウンドがあるからビジターでも戦える。表現者として、書く側も演じる側もそうですけど、ホームグラウンドがなくてすべての仕事がビジターで、たとえばテレビの大きな仕事ばかりやっていくと、摩耗《まもう》していくんです。そこでちいさいながらもホームグラウンドがあるってでかいことだと思う」（楠野）

★　★　★

「ふたりで活動拠点つくった感じですね。ほかで何やっても、年に一回はこの拠点に帰ってく

る。それでよけい、仕事が楽しくなった」（水野）

★　★　★

ふたりは各々、子供の頃、強く惹《ひ》かれた世界があった。彼女は北島マヤ、彼は〝ふたり組〟。各々、資質に生きようと思った。でもね、はたから見て、何がこのふたり組、いいかっていうと、楠野さんに聞く。

「水野さん、こわい?」

「こわいですよ。ぼくが41で、あの人34なのに、小6と小1。ぼくが小1です。いつもおこられてます。人間として、それはおかしいって。なるほどと思うところもあるんですけど」

「ハッハッハッ。やっぱり水野さんちょっと戦国時代の姫君って感じするよね」

「もののけ姫ですよ。大自然の中でのびのびと育ち、お転婆。ぼくは侍従で。じいさんで、何か進言すると、うるさいって言われてる」

「西遊記?」

「ひとりでぼくが3匹分やってますけど」

という、どこか、ふたりの関係自体がコメディを匂わすところが、〈プロペラ犬〉のよさかもしれない。

Spectator／青野利光＋片岡典幸

ルールにとらわれない生き方ができる。

去年、ショーン・ペン監督の『INTO THE WILD』が公開され話題を呼んだ。物語は、アメリカのヴァージニア州のリッチでラグジュアリーな家に生まれ、学生時代もエリートでありつづけたクリス・マッカンドレスという若者が主人公の実話だ。彼は境遇的にも物質的にも恵まれた暮らしを捨てて、放浪者となってアメリカ大陸を旅する。その旅はいつしかアラスカまで遠征し、マッキンリー山の近くの荒野で、文明のいっさいをたった原始生活をはじめる。それはたったひとりの孤独な生活だった。彼は誰からもどこにいるのか知られず、4ヶ月後、1992年の春、餓死という悲惨な最期をとげる。その荒野に果てた若者の実話本『INTO THE WILD』が1997年に日本でも発売された。が、話題になることなく忘れられた。

青野君は『INTO THE WILD』を、その主人公への興味から手にして読み、大いに感じるものがあり、アラスカという地名に惹《ひ》かれる自分がいた。2004年のことだった。その1年前、編集部にある放浪カメラマンが、アラスカの記録写真を見せにきた。写真には、ガードウッドという人口1800人のスモール・タウンの人々が写されていて、編集部で青野君は写真の人々に新鮮な驚きを感じていた。ガードウッドの人々は、各々理由は様々だが、アメリカの各地から移住してきた主に20代から30代の若者たち、そこは荒野ではないが、山や森の中にクリス・マッカンドレスのように文明にたよらず原始生活を送る者たちがいた。その話を知り、青野君は「いまどき、なんて時代錯誤の生き方なんだ」とあきれ、ガードウッドの人々の姿を記憶に焼きつけて、でもほとんど忘れてしまった。

そして1年後、実話本『INTO THE WILD』に出会う。ガードウッドの人々の姿がよみがえってきた。本の物語と写真の人々が、クリス・マッカンドレスとガードウッドの若者たちがイメージの中でスパークし、青野君は「ツルちゃん、アラスカへ行こう」と取材旅行を決めていた。ツルちゃんとは、日本最強のカウンター・カルチャー・マガジン『Spectator』を編集している相棒の片岡君だ。

★　★　★

アラスカ……最後の開拓地　そこには僕らの知らない文明や　新たな旅への予感が　待ち受けているに違いない　さまざまな欲望と雑音のうずまく街を離れ　新しい意識を持った仲間を乗せて　未来へと勇敢に旅立った　これは、宇宙船スペクテイター号の　驚異にみちた物語である（『Spectator』2005 SPRING ISSUE）

青野君とは彼が『Bar-f-out』という音楽系のインディペンデント・マガジンを編集している頃に出会った。15年ほど前のことだ。何か縁あって、その後、年に一度ぐらいはバッタリ街で会ったりしていた。青野君は『Bar-f-out』が100％音楽誌になっていく中で、「ぼくはミュージシャンのインタビューが苦手なんです」と、1999年に『Spectator』を創刊する。その創刊号の特集が『ルールにとらわれない、もうひとつの生きかた』だった。編集長が、これほどハッキリと自分のヴィジョンを主張する雑誌は、そういう生き方をすでにしている、あるいは望んでいる若者たちの心をたちまちとらえてしまった。

以後も『日本人バックパッカーは今どんな旅を楽しんでいるか』『放浪の旅を続けるアイデア集』、『僕達を最高にハイな気分にさせてくれる旅』、『お金じゃ買えない自由を求めてアメリカへ!』と特集号を制作していき、2009年夏に20号目を刊行する。

まさに、宇宙船スペクテイター号は前世紀の終わりに発進し、この混迷《こんめい》をつづける新世紀に快調に飛行をつづけている。19号の『Whole Pacific Northwest Life Catalog vol.1』の目次頁には、編集長・青野利光、編集者・片岡典幸の名前があった。宇宙船スペクテイター号の操縦士は、そのふたりだ。そりゃ、飛ばせるだろうね。この星でふたりはどうやって出会ったんだい?

★ ★ ★

それは『2001年スペクテイター号の旅』だった。この年、青野君は『Bar-f-out』を制作していた会社をやめて、〈エディトリアル・デパートメント〉という自分の会社をはじめ、自分が発行人となった『Spectator』の5号目をアムステルダムに行き、マリファナ文化を取材し制作している。一方、片岡君はまだ青野君とは面識もなく、2001年には長い旅の果てに流れついたオーストラリアにいて、永住しようと計画していた。そのために東京に戻り、外国で生きてゆくための技《わざ》を自分に仕こんでいたが、だんだん気持ちがさめてきてしまった。

5号目の『スペクテイターが提唱するハイな暮らし』を刊行したあと、青野君は6号目の特集をレイブ、トランスの野外パーティをドキュメントすることを思いつく。英題、『LOVE AND PEACE』。ニューヨーク、9・11の衝撃によって消沈する世界の中で、そのシーンだけは躍動感を保っていた。

★

片岡君は、野外パーティのオーガナイザーの中心的な人物たちとしたしかった。そのコネクションを買われて、仲介者によって青野君に紹介される。

「俺が28歳の時です。千駄ヶ谷の編集部で打ちあわせしたのがはじまりです。話してるうちに、編集の仕事なんてこれっぽっちもやったことないのに、俺もオーガナイザーにインタビューすることになって。インタビューしたらテープおこしもやって、原稿もまとめて、色校のチェックまでやらされて、いつの間にか編集部で寝泊まりしてたんです。はじめてのことだったけど、面白い仕事だなと思った」

片岡君は編集部にはいり、流通面でも「俺はまったく出版界に人脈なくて、だけど街のレコードや服のショップはけっこうつながりがあったんで、そこで売ってもらうように話をつけた」と販路拡大で大活躍もした。12号目までは4人体制で制作していたが、13号目からはふたり組になった。だけど、ふたりは、出版界とはちがう星からやってきた。

★　★　★

青野君は最初から2年と決めて全日空商事に入社した。商品開発の仕事につき、ヒット商品を生みだした。でも、子供の頃から雑誌が好きだったので、大学生の時に、仲間と『PRESS COOL RESISTANCE』というの渋谷系のフリー・ペーパーをインディーズで出版し、サラリーマン生活中に友人と『Bar-f-out』を創刊した。それが1992年。

「ちゃんとした出版社にもはいったことはないし、ちゃんとした編集の経験もないんですよ。でも、商業誌じゃできないことがやれてけっこう楽しかった」

一方、片岡君の経歴は。レゲエを爆音で流すジャマイカン・スタイルのサウンド・システムを持った10人のクルーのメンバーだった。役割は最初はセレクター（DJ）、やがてマネージャーとなった。クラブや野外パーティでライブをくりひろげていた。ある時、ヒットメーカーとして頂点に立った例の音楽プロデューサーから彼が構想する新しい音楽制作プロジェクトにそのクルーの参加が要請され、仕事を一緒にやるようになった。結果的には新しいプロジェクトは軌道にのらず、彼の音楽制作にパーソナルに関わりあうようになった。が、本来はダンスホール・レゲエやライブ、トランスの野外パーティにどっぷりつかっていたので、トゥー・マッチ・ギョーカイの違和感はつのっていった。

「どうしても会社をやめたくなって、逃亡したんです(笑)。まず、タイに行って、ネパールに行って、インド、バングラディッシュ、それからオーストラリアに行った。ミレニアムに国外に脱出すれば、その先に必ず何か面白いことが待っているにちがいないと漠然と思ってた」

２００１年、その旅の果て東京で見事に青野君に出会う。そして、宇宙船スペクテイター号のクルーとなった。

★　★　★

青野君としたしい人は青ちゃんと呼んでいる。青ちゃんはツルちゃんとつくったアラスカ特集号にまるで自分たちのことのように書く。

ちいさなコミュニティの中に生きる人々の、人生を前向きに精一杯生きようとするピュアな意識がそこにあった。

★　★　★

「どんな感じでふたりは取材旅行してるの?」と聞いてみた。ツルちゃんが答える。

「アラスカのあと、ツルちゃん、次インドやろうって青野さんに言われて。俺、インドは行ってるんで、先に行って待っててくれってことになったんです。ツルちゃん、向こうで携帯買っておいてくれないと困るからって言われたので、携帯買ってインドで待ってたら、青野さんこないんですよ。電話もかかってこない。しょうがなくて、俺ひとりでゴアに行って1ヶ月、取材したんですけど。そんな感じですねぇ」

「俺、東京でほかの仕事まとめてたんじゃない」。青ちゃんはニタニタ笑ってる。

いいよな、このゆるいふたり組。

★　★　★

『Spectator』は20号目を迎える。バック・ナンバーはすべてソールドアウト! いまどきそんな雑誌はない。

ふたりは宇宙船スペクター号で旅をつづける弥次さん喜多さんなのである。「弥次喜多」とは辞書をひけば、「楽しい漫遊旅行」、「好一対のこっけい者」を意味する。そして『Spectator』は目撃者を意味する。

宇田／宇田川幸信＋XXXX

性格のままに生きられる。

宇田さんが音楽の仕事で、普通じゃできない大変な実績をつくったのは、ぼくでも知っている。それも一筋縄ではいかないアーティストを相手にだ。あの頃宇田さんは社長になっても裏方に徹してアーティストに献身していた。

その宇田さんがうどん屋に転職したというのを聞いて店を訪ねると、厨房にはいってうどんをつくっていた。その姿を見た時、なんて立派な職人顔なんだろうと思った。

★　★　★

ある時、宇田さんに「なんでうどんだったの？」って聞くと、「だって、素でいけるでしょ」と答えた。

★　★　★

人と話さず、黙々と自分の仕事に打ちこむ職人はいくらでもいた。浮世絵の版木の彫り師には、そのタイプが多かったという。いつからか宇田さんにかわって厨房にはいった「宇田さんの相棒」は、そんな感じで黙々とうどんをつくっている。

★　★　★

ふたりはいま、恵比寿西口の旧い駅前ビルの2階で〈宇田〉という讃岐うどん屋をやっている。ふたりは同郷だったわけでもなく、以前職種が同じだったことも、よく一緒に遊んでいた関係でもない。

なのに、いつも〈宇田〉に行くたびに、ふたりの働く姿を見ると、〝表裏一体〟といえるほどに絶妙なコンビネーションを感じていた。

今回、この本をつくるために話を聞かせてよと宇田さんに言うと、「いいですよ」と軽く受けてくれたものの、「でも彼は話しませんから。名前をだすのもちょっと。それでもよかったら?」と、ちょっと事情があるようだった。

「でも、相棒なんでしょ?」

「相棒ですね」

★

★

★

まずはじめに宇田さんの人生があった。

昭和27年、埼玉に生まれた。生家は盆栽をあつかう植木屋だった。埼玉は盆栽業が日本で一番盛んな土地で、中でも安行というところはメッカとされている。祖父がこの安行出身の植木職人で、大きな店をかまえていた。弟子もたくさんかかえていた。つまり、宇田さんは名門の植木屋のボンだった。だけど、祖父は早くに世を去った。父が家業を継《つ》いだが、健康をそこねサラリーマンに転職。植木屋は廃業した。ただ、祖父の弟子たちが埼玉の各所で植木屋をいとなんでいた。

宇田さんは大学を卒業し、植木屋で働いた。その頃、時代はまだ、学生運動真っさかりで、宇田さんは、若いのにちょっと世捨て人の気分もあった。小沢昭一の放浪芸の本を読み、自転車で京都まで放浪し、フォーク・シンガーの高田渡の歌で有名になった三条河原町のコーヒー屋〈イノダ〉を訪ねたりした。

そんなこともあって、宇田さんは祖父の弟子だった人の植木屋で働くことにした。

「でもね、昔気質《かたぎ》の職人さんの世界だから、雨が降ったら朝から酒盛りなんですよ。その当時、ぼくは一滴も酒飲めなかったから、その習慣についていけなかった。1年でやめました」

世はオイル・ショックの影響で就職難の時代になっていた。仕事は何でもよかった。働きたいという気持ちは強くあった。アルバイト・ニュースでバイトを探した。飯田橋の職安で就職口を探そうと思っていたので、毎日昼休みには職安に行ける近くの職場でバイトしたい。某レコード会社は市ヶ谷にあったので、そこだと決めた。

応募者は100人だった。面接を受けた時、宇田さんは面接官に「レコード会社で働きたいわけじゃなくて、近くの職安に行きたいだけなんです。ただ植木屋で働いていたので、体は丈夫です」と正直に言ったら、それがウケて採用された。

宇田さんはよく働いた。出社9時30分の会社に9時には行って、まだ誰もいない時間から仕事をはじめた。洋楽レコード(アナログ盤)の販促が仕事だった。見本盤の配送や会社の輪転機を動かして宣伝用のチラシを制作したり。毎日夜の9時まで働いて、ボブ・ディラン、ブルース・スプリングスティーン、サンタナらの販促活動の下働きにはげんだ。何をどうすればいいか、先輩が指導してくれるわけではない。自分で考えていろいろやっていると、仕事はいくらでもあった。出版社や放送局にもプロモーションで出かけて行くようになった。

「バイトをやめる時、上司が、今後バイトの仕事はお前がやってたことを手本とするから、やってたことを全部ノートに書いてけって言ったのでそうした。あとで聞いたら、ぼくひとりでやってたこと全部やろうとしたら、5人必要だったたって言われた」

やめる日、各部署から地下の食堂から、1階の受付からも花が贈られ、さらに、たまたま社にきていた笠井紀美子(カリスマ・ジャズ・シンガー)からも花束を贈呈された。

「花束は勲章ですね。1年間、ものすごく忙しかったけど、みんなから花もらうってことは、普通やんないようなことやったんだと思う」

バイトだからなんて思わなかった。何よりも「仕事が面白かった」。もうバイトでツボにはまった。そうなれば、あとは紆余曲折あっても波乗りだ。

別のレコード会社に正社員として迎えいれられる。

1975年に入社し、10年、在籍。85年には業界トップクラスの宣伝マンになっていた。その年、当時は驚異的セールスと言われた100万枚突破のナンバーワン・ヒット・アルバムを担当。アーティストは誰もが知る大物だが、宇田さんは「それは、かくすわけじゃないけど、いまこうやって客商売やってると、あんまり言わない方がね」と言うのだった。そのアーティストはいまも揺るぎない人気を保持し、たまに「宇田さん、元気?」ってうどんを食べにきて、世間話をする。

宇田さんは86年にはレコード会社をやめ、「もう俺は引退する」と決めていたもうひとりの超大物と、個人事務所を設立し、組むことになる。宇田さんがやるんなら、という話だった。初のドーム公演、全国ホール・ツアー、ニューヨークやバハマでのレコーディング、TVCF出演、テレビのレギュラー出演とかつてない活動を精力的につづけ、ついには弾《ひ》き語りツアーを遂行。ロード・ムーヴィーのようにふたりだけでベンツに乗って全国をまわった。超大物の相棒となって、10年、「やるだけやったからもうやめましょうかって、別れたんです」。

多分、業界のカリスマ二大巨頭との仕事で頂点をきわめ、完全燃焼してしまったのだろう。それでも今度は新人アーティストの育成を中心に事務所をつづけていたが、どうも社長業がしっくりいかない。業界の変わり様も激しい。アナログ盤は製造中止になりCD市場になってゆく。宇田さんが現場にいた頃はアナログ盤100万枚が頂点であったのにCD市場での数字は300万、500万、700万と爆発的にのびてゆく。その音楽を聴いても、みんな同じに聴こえてしまう。「ちがうよな」と思う瞬間もある。

宇田さんは、もう酒を飲めるようになっていた。原宿によく行く酒場があった。その店にいま一緒にやっている彼がやとわれマスターで働いていた。彼は性格的に人づきあいが好きなタイプではなく、20年、その酒場で働いて仕事がきつくなってきていた。ある日、宇田さんは彼からいまの酒場をやめてうどん屋を自分でやりたいが、どう思うかと相談され、それもいいんじゃないのと賛成した。

★　★　★

「そこで彼は西新宿のはずれに立ち食いの店をだしたんです。それが7年前。店はじめる前に、ぼくは毎日行って、麺とだしはどうしようかと一緒になってつくってみたりしてた。特にだしに関してはもう真剣になってつくった。これはどう？　って彼がつくったのをぼくが味見する。こっちはどう？　こうしたらってずっとやってた。味見はうどんにかけて食べるわけですから、いやになってくる。

味覚に関しては、20数年それなりに音楽業界で仕事してきて、全国行ったわけです。北海道から沖縄まで。高い有名な店から安い大衆的な店まで、それこそ屋台から京都のお茶屋まで。客道としては自分なりにきわめたかなと。

彼がうどん屋をはじめた頃は会社はつづけてたんです。だから朝10時にうどん屋に行って仕事して、午後1時には会社に出勤して本業をやる。うどん屋があった場所は隣に弁当屋があるだけで、ほかに店は何もない。弁当屋のオヤジとしたしくなって言われましたもん。なんであいつと友だちなの？　俺と友だちになろうよって。あんたみたく自分の会社があるのに友だちのために毎日きてだし飲んでるのって、信じられないって。

それも、お金もらってたわけじゃないですからね。みんな何やってんのってあきれてましたよ。うちの女房なんてすごい怒ってましたから。なんで毎日うどん屋に行くの、そんなに彼が大切なのって。そういうことじゃないんですけどね。ぼくね、レコード会社でバイトしてる時から働くの好きなんですよ。新しいレコード会社の時もアーティストの深夜番組午前3時までついてて朝9時には会社行ってましたから。

店は辺鄙《へんぴ》なところにあったのが幸いして、ほかに店ないんで当たったんです。昼だけで100人ぐらい客がきて、けっこう一日の売りあげもいきました。それ、讃岐うどんがブームになる前ですね。讃岐うどん屋やるって決めた彼もすごいと思う。

いやー、もう面白くて。自分の会社の仕事だと、もっとうちのアーティストに金つかってくれってレコード会社にプレッシャーかけたりしてるのに、昼はうどん屋で一杯３５０円、４００円のうどんつくって売って、『ありがとうございます』って頭さげてるの。むしろ、うどんの方が面白くなってきちゃって。３年やった頃、店がたちのきってことになって、新しい店どうしようかって。ぼくの会社は渋谷の東というところにあったから、手伝いにくるには近いところがいい。それで、恵比寿に決めて店も借りたんですね。

だけど、ちょっと事情が変わってきた。というのも、彼は長崎の人なんだけど、郷里に年老いた母親がいて、世話をしなければいけなくなった。それで、郷里に帰ってひとりで讃岐うどん屋をやることになったんですね。それはどーだろうって、ぼくは思ってたんですけど、彼の決めたことですから。

その時、ぼくはうどん屋やろうって決めたんです。自分が主人になるわけですから、自分でつくるしかない。ぼくはつくり方教わってましたから、まあ、いいかやってみようって。会社もそのままつづけながらです。

電話ではよく話してたんですけど、そのうち無理があったんでしょうね、彼からつづけてくのがきついって話を聞いて、それだったら、こっちへおいでよって、２年前からまた一緒にやるようになったんですね」

コンビが復活した。

そして、宇田さんは「いらっしゃーい」と動きまわり、相棒は抜群のうどんを黙々とつくってる。

その姿が〝表裏一体〟をなし、絶妙なコンビネーションを感じるのだった。

★　★　★

「何億の金を動かす仕事も、うどんをつくって売るのも、ぼくにとって同じなんですよ。うどん屋をはじめた頃、相棒と一緒にだしつくってる時なんか、面白くて、面白くて。ふたりで血まなこになってつくってましたもの」

偏見の壁をこえられる。

サイモン&ガーファンクル／ポール・サイモン+アート・ガーファンクル

ボブ・ディランはプロテスト・ソングの革命児であり、1960年代反体制文化のヒーローだった。誰もディランをこえることはできないと思っていた。ニューヨーク、クィーンズ生まれのポール・サイモンとアート・ガーファンクルもディランに憧れた。

ふたりは若い頃からデュオで活動していた。グループ名はトム&ジェリー。ローカルでは人気者だった。ディランを売りだしたコロンビア・レコードからメジャーデビューが決まった時、グループ名を変えなければならなくなった。本名でデビューしようとした。

それは60年代後半のアメリカにおいて、そんな簡単な話ではなかった。なぜならふたりはユダヤ人であった。本名をだせば、その出身があきらかになってしまう。その時代のアメリカにはまだ根強く反ユダヤ主義がはびこり、本名をつかった音楽活動は保守的な中部で不買運動をひきおこしかねない。

だからディランは本名のボブ・ジンマーマンをかくし、ボブ・ディランと名のった。サイモンとガーファンクルのふたりも、〝クィーンズの中産階級出身のユダヤ人の男ふたりがうたうフォーク・ソングなど買ってもらえないのではないか（『サイモンとガーファンクル／旧友』音楽之友社）〃と悩んでいたがコロンビアの副社長ノーマン・アドラーが「諸君！」と会議室のテーブルを革命指導者のようにたたき、宣言した。「今は１９６４年だ。サイモン＆ガーファンクルでいく！」

１９６８年5月、ヒット・チャートではサイモン＆ガーファンクルのサウンドトラック・アルバム『卒業』（ダスティ・ホフマン主演）が首位を独走していたが、彼らのニュー・アルバム『ブックエンド』がそれにとってかわった。そのうえ、映画『卒業』の主題曲『ミセス・ロビンソン』は、

ベトナム戦争がテト攻勢により泥沼化し、無敵アメリカの敗色が濃くなり、アメリカ国内ではマーティン・ルーサー・キング・ジュニア暗殺が引き金となり、全土に黒人暴動が勃発した。デモに参加した者は警官に銃で撃ち殺された。要人暗殺はつづき、ロバート・ケネディがＬＡのホテルで殺され、……

という１９６８年、全米ラジオ局からナンバーワン・ヒット曲として流れた。サイモン＆ガーファンクルの歌は、ディランの曲以上に、戦争、暴動、暗殺に呪われた時代に国中で口ずさまれるようになった。

毎日おいしくお酒を飲める。

ゑびす堂／林英典＋林加奈

「旅慣れてニタリと笑う、俺の心はドン・ジョバンニ」という詩があるそうですが、クロワゼット（海岸）通りをパレ（フェスティバル会場）へ向かって「通勤」すると、なんだかそんな心境です。アパートから左手にコート・ダ・ジュール（紺碧）の海をながめながら歩くのですから、世界一贅沢な通勤なのかもしれません。午前中はオリエンテーションに参加して馴染みの「蛸食堂」（健在でした！）でランチです。生牡蠣、海老いろんな種類の貝類が氷をしいた木の皿に盛られた名物の盛り合わせ料理に美味しいパンがつき、白ワイン、エビアン一本で約1万円。（中略）午後はパレを歩きまわり、夕方日本のスタンドで樽酒をご馳走になり一旦アパートに戻ってきました。夜8時半からのマルチネズ・ホテルでＥＭＩ主催のオープニング・パーティに出掛けました。ホテルのグランド・フロアー貸しきりの豪華パーティです。ライブ会場は大混雑なのでぼくらは外のテラスでシャンパンを飲みつつハム・チーズ・串焼き等々おつまみでお腹を一杯にしました。（『ゑびす堂通信』）

旅慣れた林さん夫婦には、カンヌは勝手知ったる地元の町のようなもの。アパートメントでの自炊メニューは、たとえば牛フィレのカツレツ、千切りキャベツとポテト・サラダ、兎肉のカレー。材料はスーパーで買いだす。翌朝、牛フィレカツの残った油をつかいうずらの素揚げをつくる。うずらは朝市に買いに行く。買い物も料理もいつもふたりは一緒。

ロンドンにも仕事で行く。チェルシーのアパートを借り、こんな生活を送る。

★　★　★

キングス・ロードにはスーパーも少なく、去年迄よく泊まったベイズ・ウォーターとは勝手がちがいましたが、二日目にはパートリッジという素敵な食料品店を見つけました。煉瓦造りの建物を入ると高い天井のクラシカルな店の正面の巨大なデリカテッセンの硝子ケースにはスモーク・サーモンや肉詰めのパイ、各種サラダに大きな塊の多種のハム、それにサラミやら大きなオーブンで炙り焼きにした骨付き羊肉に手造りのどっしりと重いケーキまで、ありとあらゆるご馳走が詰っています。ハムも必要な量だけその場できって売ってくれ、さらに少量でも買える野菜、厳選された缶詰・瓶詰類（ぼくはラベルを見るのが大好き）、それにチーズもあるし麦酒やワインも置いてあり、値段も手頃でぼくらのようにアパートメント暮らしの旅人には重宝です。滞在中はずっとお世話になることになります。ついた翌朝はイギリスの丸いパンでハンバーガーを作りました。

ふたりでサウス・ケンジントン駅迄散歩、昼食用の生ラビオリや中性洗剤等を買いました。午後はアンドリューさんがＣＤ権の契約打合せの為アパートメントを訪ねてくれ、イングリッシュ・ティー等を淹れてゆっくり話をしました。上品な英国紳士で、安心して仕事が出来そうです。懐かしいブロンプトン・ストリートを歩いてアップルを訪ね、玄関先で新社長のジョーンズさんとばったり。社長室で仕事の引き継ぎの後、新発掘のハリウッド・ボールでのライブ音源（60年代）を聴かせて頂きました。室内にはジョン・レノンの歌声が響き渡り、窓外は秋の日が暮れかかりプラタナスの黄葉が風に揺らめいておりました。渡した名刺の裏の絵『ユア・チーティン・ハート』を気にいってくれ、最近買ったというシャガール風の絵を見せてくれたりして、初対面の会談としては上々の成果です。

★　★　★

旅先が海外の場合、必ず自炊ができるアパートメントの部屋を借りる。それの方が安あがりだし、市場で食材を買って、料理をし、ワインも買って、毎日ごちそうにありつける。仕事は、映画・ビデオの配給会社やレコード会社、放送局からたのまれて、日本での配給・放映・販売のライセンスを取得すること。2001年以降は、英国プログレの音源のライセンスも手がけている。この仕事を林さんは40年前につかい走りからはじめ、やがて自分の株式会社〈タムト〉をつくり、いまは奥さんの加奈さんとふたりだけでやっている。会社は浅草の伝法院通りにあり、なんとそこは表むきは、いまや浅草の人気店〈不思議雑貨／ゑびす堂〉だ。「何やるにしても、ふたりで共同してできることをやることにしている」と林さんは言う。

ふたりでやることのひとつに『ゑびす堂通信』というミニ・コミの発行がある。林さんが毎月、面白く暮らす日々の出来事や子供時代、20代の想い出、時に人生についての随筆を書き、奥さんが編集。2007年の1月から毎月欠かさず発行している。林さんは、旅行記も書く。

スティーブ・ジョブスではなくビートルズのアップルの新社長ジョーンズ氏が気にいったという絵は、林さんが描いた作品だ。つまり、林さんは画家でもある。浅草の〈ゑびす堂〉は雑貨のほかに、林さん制作の絵でつくったポストカードや画集、粘土細工でつくった「なんか宇宙的だよね」というキノコのオブジェも売っていて、その制作のための工房も店の奥に、まるで屋根裏部屋のようにある。

★

★

★

林さんは1950年生まれ。佐賀県唐津出身。実家は母親が洋装店を経営していた。1968年に林さんは上京し私大に入学。当初は、学業を終えたら唐津に帰って母親の仕事を手伝うつもりでいた。ところが1970年、大学在学中に洋装店が倒産してしまう。仕送りもとだえ、母親も唐津を去った。林さんは故郷をうしない東京で自活の道を歩みはじめる。まずは配膳人の仕事につき、よく働いて窮地《きゅうち》からぬけだし「脳がポジティブに働きはじめると、面白いもので、物事すべてが好転していった」そうだ。

洋画の買いつけの会社に就職が決まった。会社は六本木一丁目、大使館区に建つ麻布ハイツ・アパートメントの一室。仕事は海外から届いた宣材を配給会社に持って行ったり、35ミリフィルムのはいったブリキ缶を試写室に運びこんだり。ちいさい会社だったけども、とてもリッチで、「貧乏学生から、村上春樹ワールドへいっちゃった感じだった」そうだ。

あつかっていた洋画の中にはポルノ映画もあり、映倫審査がはいる前のノーカット版を保税上屋で試写したりしていた。やがて春にはカンヌ、秋にはミラノに買いつけの出張に行かせてもらえるようになった。その頃はエアロフロート便が格安のうえに、パリまでは早くついたからよく利用した。その会社は洋画の買いつけのほかに8ミリ映画ソフトの原版制作をやっていたので、林さんは零戦のドキュメンタリーを制作し、未曾有《みぞう》の大ヒットも飛ばす。テレビのドキュメンタリー番組も数多く制作した。当時としては、けっこうな給料をいただいた。

1979年秋に林さんは独立し、自分の会社を興《おこ》す。80年代にはいると、バブル景気もあって、洋画の買いつけの仕事以外に、音楽ビデオの市場が一気に拡大され、そのライセンス・ビジネスでは先駆者となる。手がけた音楽ものはクリーム、ローリング・ストーンズ、ディープパープル、ジャパン、セックス・ピストルズ、クラッシュ、ダムド、ビートルズ、クィーン等々。かの問題作、マルコム・マクラレーンとセックス・ピストルズの『グレイト・ロックンロール・スウィンドル』、『メタル・イヤーズ』、『トミー（再映）』など音楽映画も林さんが劇場権とビデオ化権のライセンス取得をやった。また映画に関してはゲンズブールの娘のシャルロット・ゲンズブール主演の『なまいきシャルロット』も林さんが買いつけ、日活で配給された。

会社は乃木坂が発祥の地。社員もふえてゆき、加奈さんも入社し、南青山に移った。自主配給もやるようになった。「バブルになって世のなか金余りで、大企業が積極的に映画界に進出した。映画製作や洋画の買いつけ、配給にも資金をだす。ぼくのところにも商社系企業からそんな話がきた。でも、そういう話にはのらなかった。支配されるのがいやだったんだろう、と思う」。

10作品ぐらい配給してみて、配給の仕事が構造的に利益をだすのがむずかしいことを実感する。「だって、60年代初頭をピークに興業動員は減少をたどってるし」。興行収入の半分が劇場の取り分、残った半分が配給会社の取り分。だけど、配給会社は原権利者へのMG、予告編や字幕などの制作費、宣伝代、人件費がかさむ。

「やっぱり、青山あたりにオフィスかまえてね、洋画の配給やってますなんていうと、イメージ的にカッコいいって幻想があった時代ね。そういう会社いっぱいできたけど、ほとんどなくなっちゃったよね。で、ぼくはライセンス・ビジネスの仕事はつづけながらも、浅草という町が好きだったから、この町で何か新たなビジネス・スタイルを見つけようと思った。それで、加奈と一緒に1994年に会社ごと移ってきた」

仕事柄、林さんは旅にはよくでていた。旅先ではフリーマーケットに足を運び気にいったモノがあれば買い集めていた。モノはどんどんふえる。だけど、50歳をすぎたあたりから、モノに対する執着がうすれていった。伝法院通りの古い店舗跡（実は天ぷら屋の名店〈大黒屋〉の車庫）を見せてもらった時、そこを怪しげな雑貨屋にして集めたモノを人に安くゆずろうと思った。1年ほどして店だけでなく、〈タムト〉のオフィスもそこに移した。その空間をつくってみると、もともと好きだった絵も描きたくなってきた。

★　★　★

奥さんは林さんのやりたいことをすべて認めてくれた。

「相棒はぼくのやること、全面的に支持してくれる人じゃないとダメなんだよね。ぽんたは、そのタイプ。『あんたはそう思っても、わたしはこう思う』って言われたくない。何かしたら、『何、これ?』とか、『そんなことしても、意味ないんじゃないの』とか言われたくない。ぼくが絵を描きはじめたら、『あんた、絵描きっていうのは美大出て、巨匠に何十年も師事した結果、いろんなコンペで賞をとった人たちのことを言うんじゃない?』なんて言われちゃったら、ハナから描く気がしなくなるかもしれないしさ」

★　★　★

『ゐびす堂通信』に、林さんは書く。林さんは加奈さんのことを〝ぽんた〟と呼ぶ。

ぼくがぽんたと結婚する時いろんな公約を出して、10年経て実行してきて残っているのがコート・ダ・ジュールの「海の幸のパスタ」と秋のミラノの「焼き栗」です。

★　★　★

雑踏の中、〈大黒屋〉にぴったり寄り添うかくれ家みたいな〈ゐびす堂〉に到着する。オフィス・スペースでは林さんが絵を描いている。加奈さんは奥のデスクでクールにパソコンにむかっている。

「店の中で絵なんか描いていると道楽に見られちゃうけど、ぼくにとっては〈タムト〉の仕事。

絵を商品にして売るし、原画もお手頃な値段だから、たまには売れる。ライセンスの仕事と同じテンションでやっている。それでね、店でふたりで仕事して、夜6時には終える。それから家に帰ってから酒の肴《さかな》をつくって、ふたりで飲む。加奈と一緒になって、それからずっとそれが日課。家に帰ったら、もう絵も描かない。一緒に飲むのが、プライオリティでね」

一日中ふたりは一緒にいる。

★　★　★

加奈さんは北海道生まれ。育った清水から大学入学のため上京し、21歳の時、林さんの会社に入社した。生年は1962年。中学、高校と英語の勉強をしていた。大学では国際学科を専攻。「英語をいかせる仕事につきたかったんです」。卒業してすぐ築地の国立がんセンターで働くことになった。

「カミさん、医者の娘でね。むかし黒澤さんの『赤ひげ』観て以来、医者の娘というのに弱くってね」

仕事は国際的に活動している医師の秘書だった。「仕事で英語をつかえるっていう話で就職したんですけど、実際はそんなことなくて」ちょっと煮つまっていた。

そんな時、林さんの会社の「音楽最前線で仕事を」という求人広告を『トラバーユ』で目にする。応募者が約100人いた。その頃〈タムト〉はイギリスのヴァージン・レコードと仕事をしていて、ゲイリー・ムーアのライセンス契約が済《す》んだばかりだった。それに関連したコレポン(通信)が試験問題だった。加奈さんが採用される。マジメな仕事ぶりで、やがて林さんの有能な部下になる。

「29歳で独立して、ライセンス・ビジネスを15年ほどやって、自分なりにやるだけやったと思ってたけど、何かこれは自分が目指していたものとちょっとちがうなぁと考えた。その頃、加奈が浅草に住んでいたんで、俺もじゃあこっちにオフィスと住居移そうかって、移ってきてね。それでふたりで仕事していて、いつも一緒にいるから、下町っていい意味でおせっかいというか、世話焼きでさ、度々《たびたび》どんなご関係ですか？　って聞かれる。いちいち説明するのも面倒になって、じゃあ、結婚しようかって、話になってね」自然の成りゆき。

で、肝心の結婚する時の公約は？　加奈さん、なんだったんですか？

「何がありました？」と旦那に聞く。

「忘れた。俺のつくったジャージャー麺はうまいよとか、春風になよられて、墨田川べりを歩いてさ、それから酎ハイ飲もうねとか、そんなもんだよ」

そうか、そうか、浅草にいるんだから、それでいいんだな。

青木岳明＋久富信矢

町で楽しく暮らしていける。

ふたりが出会ったのは屋台だった。その時、意気投合したわけではない。ふたりの仕事はバーテンダーとコック、バーテンダーは本名は青木岳明、通称はAssh（アッシュ）。コックは本名は久富信矢、通称はノブりん、みんなからそう呼ばれている。

屋台で出会った時、ノブりんは働いていた飯倉のイタリアン・レストラン〈キャンティ〉をやめた帰りだった。キッチンでつかっていた包丁ら自前の料理道具を持って屋台にきた。一方、アッシュはやはり働いていた西麻布のバー〈アムリタ〉をやめたばかりの時だった。

ふたりは大酒飲みだった。屋台で一緒に酒を飲んだ。いまでもそうだが、お互いくわしくは何者か知らず、でも、酒を楽しく飲める相手であることは屋台で感じあっていた。

屋台で出会うまで、ふたりはまったく異《こと》なった世界で生きていた。

★　★　★

アッシュは1970年、東京生まれ。家の事情で若い頃は湘南ですごした。母方の祖父が大酒飲みだった。赤ん坊のアッシュはいつも一升瓶と一緒に祖父に抱っ子してもらっていた。だから酒をおぼえたのは早い。酒に関しては早熟だった。

★　★　★

ノブりんは1972年、東京生まれ。早熟系な子供だった。特に映画が好きだった。子供なので夢中になったのはSFファンタジー、ジョージ・ルーカス監督の『スター・ウォーズ』やスピルバーグの『未知との遭遇』が大ヒットした頃だ。スピルバーグが『E.T.』を制作した。日本での公開は82年12月、それまで待てない。ノブりんは10歳だった。夏休みに50ドルだけ持って、単身、ニューヨークへ『E.T.』を観に行った。ニューヨークには幼稚園の時の親友が家族と住んでいて、彼を訪ねて行って、一緒に観た。

★　★　★

アッシュは高校生になっていた。藤沢に〈アンティーク・アンティーク〉という奇抜なバーを見つけた。主人は丸縁眼鏡をかけた、ピカソみたいな画家だった。コンクリート打ちっぱなしの建物に、バーの入口には赤提灯。外壁には、でっかくヤカンの形をした動物画がウォール・ペインティングされていた。テーブルは江戸時代の蔵の扉を切断してつかっていたり、ボトル棚は大正時代の和ダンス。芸術の世界なんだなと感じ、惹《ひ》かれた。将来は歯科医になって癌の研究をするつもりでいたが、大学受験はうまくいかない。浪人中、バイトでバーテンをやるようになった。ほかにも体が許すかぎり働けるだけ働いた。鳶、左官、中古車のブローカー、車検の代行、月に100万円もかせいだ。金はレースにでるための車につぎこんだ。店をかわりながらも、バーテンの仕事はつづけ、やがて、「歯科医になって金もうけして、その金で自分のバーだすぞ」って「不純」なこと考えるようになった。

★　★　★

高校になってノブりんの映画熱は高じてゆく。この頃になると、ロードショー公開ものより、京橋・近代美術館内にあるフィルム・センターで内外の古典作品を観るようになっていた。

「〈フィルム・センター〉にはかよってたんですけど、どんな映画観たか思い出せない。いまでもおぼえているのはトリュフォーの『緑色の部屋』ですね。高校生の時は街の映画館でもよく観てました。『蜘蛛女のキス』とか『予告された殺人の記録』とかのラテン・アメリカ物。あとソ連のセルゲイ・パラジャーノフの『ざくろの色』。あと観る作品は監督で選んでましたね。

デヴィッド・リンチ、ヴェンダース、ジャームッシュ、ソダーバーグ、レオス・カラックス、テオ・アンゲロプロスは『旅芸人の記録』、タルコフスキー、フェリーニ、ゴダール、エリック・ロメール、ヌーヴェル・ヴァーグ物はひと通り観ました。劇場未公開ですがアンリ・ジョルジュ・クルーゾーの『囚われの女』はいまでも好きな映画です。映画はこんな感じでしたかね」。漠然とだが、映画監督になってみたいと想った。だが、実際は私大の法学部に進み、3年で中退。建築の専門学校に再入学、そこで技術を学んだ。また無給で設計事務所でも働いた。卒業すると、学校の推薦もあって清水建設に入社、ゼネコンの現場で働いた。仕事は現場監督だった。だけど、「ぜんぜん面白くない。職人さんとやるのは面白かったんですけどね」。

★

★

★

アッシュは藤沢でカリスマ・バーテンダーであった白石さんに明け方、たったの3坪のバーで出会う。白石さんと出会って、酒に目覚める。白石さんは酒の達人だった。酒に関して知らぬことはなし、腕も特級だった。アッシュは師と決め、白石さんの働く〈タルタル〉にかよいつめた。だけどカクテルのつくり方など教えてくれない。聞けば、「自分がこの仕事をしてどうしてお金がもらえるのか考えなさい」と論《さと》されるのがオチ。この世界にマニュアルなんてないと知る。ひたすら〈タルタル〉にかよい、白石さんが酒をつくるところを見つづけた。技は眼で盗むしかない。酒の計量を、メジャーカップなどつかわず、0・1ミリ・リットルまで眼で測る世界をのぞきこむ。

湘南でバーテンダーの修業をしていたアッシュだが、ほかのバイトもつづけていたので、無理がたたって体をこわしてしまった。家族は、詐欺《さぎ》騒動にあい、湘南から父方の実家に移っていた。アッシュはひとり暮らしをしていたが、医者から入院か自宅療養か、どっちかの選択をせまられ、自宅療養を選ぶ。

「最後の夜、ぼくのいたバーに、藤沢中のバーの仲間たちが飲みにきてくれた。白石さんもきてくれた。俺につくれって、白石さんがアプリコットブランデーいくついくつ、カルバドスいくついくつ、レモンジュースいくついくつ、グレナデンシロップいくついくつって言って。俺、なんだ、このカクテルって、白石さん前に緊張してつくって出したら、これはお前にやる、餞別《せんべつ》だって言われて。俺のために白石さんが、レシピを考えてきてくれた。白石さんが俺に、その時言ったんです。俺は口の方がダメだから、技術と知識にもの言わせるしかなかったけど、お前は人と話すのが上手《じょうず》だから、東京に行っても頑張れよ、うまくやれるからって。俺、もう、カウンターの裏にかくれて泣いちゃって」

★

★

★

ノブりんは清水建設をやめた。何をしたらいいのかと思った時、自分の好きなことに料理があった。映画は観るのが好きだったが、料理はつくるのが好きだった。18、19歳の頃、世はイタメシ・ブームにわきかえり、自分でも興味本位でつくってみた。まわりの人間に、うまい、うまい、とよろこばれた。どこかレストランにはいって本格的に修業してみようと思った。

飯倉の〈キャンティ〉がキッチンを募集していたので、仕事につけた。その時、22歳になっていた。先輩の方が若かった。コックの世界は上下関係が厳しい。5歳年下の先輩にも敬語をつかわなければならない。仕事は早番・遅番の二交代制だったが、ノブりんは仕事をおぼえるために、朝6時に店にはいり、夜中11時まで働いた。手開きで毎日、魚200匹。〈キャンティ〉には、その頃、来日中のミック・ジャガーが毎晩のように客できていたし、常連客のひとりだった監督・伊丹十三がむかいのマンションから投身自殺し、その現場も見た。

「料理の修業して、その先、どうしようかって、将来のことは考えてなかった。何か、年齢ごとにやりたいことを集中してやる。ほかのことは考えないですね」

★　★　★

アッシュは西麻布の家族のもとにきた。大学にかよいながら、静かな生活を送らなければならないのに、すぐ飲みにでた。どこへ行っても、幻滅《げんめつ》した。アッシュはすでに、湘南で異色の芸術バー〈アンティーク・アンティーク〉も〈タルタル〉の酒の達人・白石さんも知っている。さらに、カクテル文化のメッカといわれた横浜の名店に飲みに行っていた。だから、東京のバーをまわっても、自分が働きたいと思えるバーは一軒もなかった。

「ぼくの就職活動っていつも飲み歩くことだった。カウンターに座って飲んでいて、気持ちいなーと思ったら、働かせてくださいって。でも、東京のバーにはなかった。どこもカッコつけちゃって、高くて、だせえなーって思ってた」

ある日、アッシュは知人から教えられて、〈アムリタ〉に行った。地下にくだり、扉を開けた瞬間、まるでカーニバルの最中のようにものすごい勢いで客たちが酒を飲んでいた。見たことない酒場が、そこにあった。カウンターに座って飲んでいたら、酔いつぶれた。翌日また行って、「やとってください」と言ったら、やとわれた。アッシュは23歳になっていた。働いてみたら、ショックの連続だった。1日1000杯の酒をだした。ノロマじゃやっていけない。手際よく、いかにうまい酒をつくるか。

「それも誰も教えてくれない。店の中はノー・ルール。マニュアルもなし。全部自分で考えてやっていくしかない。でも、それでわかったのは、味を追求するっていうのはチキン・レースなんだと。崖っぷちまでいちおう目指してゆく。で、このへんでうまいね、かなりいけるねってなって、でも、もうちょっと攻めてみる、崖から落ちちゃ元も子もなくなるけど、ギリギリまでいってみる。それで、俺だけの味がつくれる、それを〈アムリタ〉で学んで、ぼくの中では徹底したスタイルになっていったんです」

〈アムリタ〉には乾杯酒があった。それを飲むと、全員客は陽気になってはじける。アッシュの知らない酒だった。湘南にも横浜にも、東京のほかの店にもなかった。考案者は〈アムリタ〉のチーフのNさんだった。その酒はウォッカベースのコーヒー・カクテルだった。コーヒー豆をつかっていた。

「つくり方、聞いたんです。そしたら、そんなのテメエで考えろって、教えてくれなかった。それでしゃくにさわって、ウォッカを何百本も自宅に買いこんで、自分で研究したんです」

その時からアッシュは、自分が究極と思えるオリジナルのカクテルをつくりはじめる。アッシュが働いている頃、来日中のミック・ジャガーが客で飲みにきた。一緒に飲んだ。

★　★　★

やがて、ふたりは屋台で出会った。意気投合の瞬間があったわけではない。2度目に会った時も屋台だったが、ノブりんは屋台で料理をつくっていた。屋台は外苑前の寺の境内にあった。〈ニギロ〉という店名だった。柱や赤い布をつかった空間にカウンター10席、テーブル4台。屋台なのに、ノブりんは本格的なイタリアン・メニューを提供した。

「3ヶ月ごとにメニュー替えてました。人気だったものは、前菜で〝穴子のアラビアータ〟、〝真鯛の昆布〆カルパッチョ〞、〝イイダコと黒オリーブのトマト煮〞、〝マグロとアボカドのタルタル〞、〝レバームース〞、〝カプレーゼ〞。サラダは〝シーザーサラダ〞、〝大根とグレープフルーツのサラダ〞、〝牛たたきと春菊のサラダ〞。パスタは〝ゴルゴンゾーラのフェトチーネ〞、〝フェデリーニ、トマトとモッツァレラ〞、細い麺をつかってたのは早くゆであがるからで、とんこつラーメンと同じ理由です（笑）。あと〝渡り蟹のトマトクリームソース〞、〝ジェノヴェーゼ〞は自家製手打ち麺でやってました。メインのものは〝メカジキの香草グリル〞に〝ガーリックマリネした鶏もも肉のグリル〞、このグリルは４０００枚くらい焼いてますね。でも、料理はついでみたいなもので、アッシュみたいに普通に生きてたら絶対に出会えないであろう、いろいろな人たちとしたしくなれたのが一番の財産ですかね」

冬は客がこなかった。一日にひとり、ふたり。アッシュは毎晩のようにきて、フル・コースを食べてくれた。屋台の片づけも手伝ってくれ、終わってよくふたりでラーメンを食べにいった。冬の寒さはこたえる。やがて口コミで人気がひろがっていった。

屋台は3年半つづけた。

「パリのピカソ美術館の館長とロンドンのテート・ギャラリーの館長がお客できてくれたことがあって、それはうれしかったですね」

★　★　★

ノブりんが屋台をやっている頃、アッシュは代官山に内装に億の金をかけたバーをオープンする。スポンサーがついたのだ。ノブりんはそのバーを訪ね、そこでアッシュがつくったコーヒー・ウォッカを飲む。まったくそれまで知ることのなかった酒の味と出会う。そこまでくるのにアッシュはスミノフのウォッカを400万円分つかっていた。ノブりんは、アッシュの酒のつくり方を見た。酒を客にだす時、必ず味見して味をととのえてだしていた。それまでノブりんが見てきたバーテンダーは、レシピの分量通りにつくって味見せずにだしていた。それが当たり前だった。

★　★　★

ふたりが屋台で出会ってからもう15年の歳月が流れた。ノブりんは屋台のあと、弁当屋をはじめて、一日で120個の弁当をつくっていた。ケータリング・サービスもやり、と食に関する仕事をつづけた。アッシュは、バーテンダーとしていくつものバーを転々とし、2006年にはカクテル世界選手権のチャンピオンになった。

★　★　★

環状6号線沿い、目黒の東山に人気のバーガー・ショップ〈ゴールデン・ブラウン〉がある。そこはボヘミアン・カフェのような雰囲気にあふれ、居心地は抜群だ。店名のゴールデン・ブラウンは名物バーガーの品名。『ニューヨーク・タイムス』の記者が、アメリカにもこんなうまいバーガーはないと太鼓判をおした。

「このバーガーは、パリの〈ブーランジェリエ〉でスモーク味のポタージュ食べて、それが忘れられなくてつくってみようと、それがはじまりです。燻製ってくせになるし。それで、バーガーづくりの達人の〃バーガーマン〃と、ハンバーガーにアレンジしてみようと、いろいろやった。パティを燻製にしてみようとか。レタスをぬいてみたり。結局、パティにオランダ産のスモークゴーダチーズに、マッシュルーム、それにレタスのかわりにオニオンの炒めたのをはさんだのです」

と、〈ゴールデン・ブラウン〉の主人、ノブりんは言う。

このバーガー以外に名物がもうひとつある。アッシュが執念かけて開発したコーヒー・ウォッカこと、通称〈コーヒー・ルンバ〉だ。格別のカクテルとして、ハンバーガー屋で飲める。

★　★　★

ふたりは一緒に店をやっているわけではないが、ふたりがつくったものが、〈ゴールデン・ブラウン〉にはある。

ゴールデン・ブラウン&コーヒー・ルンバ。

片手にバーガー、片手にカクテル。

そのシルエットに、相棒たちのボヘミアン・ラプソディが鳴りひびく。

アッシュは〈ゴールデン・ブラウン〉にくると、バーガーを6個も食べる。ノブりんは、アッシュが働く六本木のバー〈ドープ・クラブ〉に行くと、アッシュの酒を飲みつづける。

★　★　★

ノブりんに、なんでバーガー屋をやったのと聞くと、「屋台もそうだったんですけど、いろいろな人たちとしたしくなれる。ハンバーガーも食べる人を選ばないので、いろんな人が集まってきますからね」と答える、そのノブりんがお気にいりのアッシュの酒は、スペシャル中のスペシャル。ナッツ・コンピレーション。「あれは」とアッシュが解説する。

モーツァルトのチョコレートクリーム・リキュールと、ベイリーズっていうアイリッシュクリーム・リキュール、それと、コアントロー。それはホワイト・キュラソーです。オレンジの皮のリキュールですね。それとソミュールというトリプルセック（ホワイト・キュラソーの高級なもの）。それに杏の種のリキュールのアマレット。次がゴディバのチョコレート・リキュール。それはモーツァルトとちがって、ブラック・チョコレートです。で、クルミのリキュールのノチエロ。これはイタリア語でノチエっていうのがクルミっていう意味です。あとカハナロイヤルっていうのがマカダミアナッツのリキュール。あとヘーゼルナッツのリキュール、フランジエリコ。それからコーヒー・リキュールのカルーア、フランスのエギュベル修道院っていうとこのブラウン・カカオ・リキュール。マッカランのメイプル・リキュール。それとピスタチオ23粒。アーモンド8粒、ハーゲンダッツのバニラアイス、カリブの天然砂糖きび100%のシュガー・シロップ、ガムシロップでは駄目です。それと宮古島のお塩、それをいれて、クラッシュアイスと一緒に1分間に3万回転のミキサーにかける。このカクテルはぼくのつくるカクテルの中では一番面倒臭い。

★　★　★

★　★　★

〈ゴールデン・ブラウン〉にはハンバーガー以外のフード・メニューがある。その中のひとつ〝チキングリル&マッシュポテト〟は絶品である。それはノブりんが屋台で料理をつくっていた時の自信作だ。

★　★　★

「ある時、ゴタゴタに巻きこまれて、家にもどこにも行くところなくなっちゃった時、誰に連絡しようかな思ったら、ノブりんしか思い浮かばなかった」――アッシュ

★　★　★

「アッシュみたいな人間、ほかにいないですからね」――ノブりん

★　★　★

「何でもいいから、ひとつ秀でたものを持っているのを相棒か兄弟分に持てっていう。だから自分も自慢できるものをひとつ持てということになる。ほかのことは駄目だけどこれだけは俺に任せろってのを持つ」

と言うのは、江戸時代からつづく町鳶、千組の鳶頭、山口政五郎さんだ。

横尾忠則＋一柳慧

前衛をやれる。

美術界と音楽界各々の巨匠である横尾忠則と一柳慧がしたしくしている頃があった。その頃を振りかえって横尾忠則は自伝で、「当時、ぼくは寺山修司同様一柳慧と呼吸がピッタリ合っていた」と語る。

〝当時〟というのは1960年代の中頃以降、横尾忠則はグラフィック・デザイナー＆イラストレーターとして時代のスーパースターとなっていた。一方、一柳慧は現代音楽界の気鋭の作曲家として、すでに海外でも高い評価を得、1967年にはロックフェラー財団の招聘でニューヨークにわたり、住んでいた。

67年秋、横尾忠則ははじめてニューヨークに行った。その時、31歳。それ以前から交流のあったふたりは、ニューヨークで再会し、毎日行動をともにする。1967年はビートルズが『サージェント・ペパーズ・ロンリー・ハーツ・クラブ・バンド』を発表し、サンフランシスコのヘイト・アシュベリーからヒッピー族が出現し、ピーター・フォンダはロジャー・コーマン監督のアシッド・ムービー『TRIP』に出演し、モンタレー・ポップ・フェスティバルでジミ・ヘンとジャニスが衝撃を与え……という、いわゆるサイケデリック元年だった。

ニューヨークにやってきた横尾忠則に、一柳慧はいま一番面白いのはサイケデリックなファッションやアートだと教える。日本には、そのへんの情報はまったくはいってきていなかった。ニューヨークでも、サイケデリック・カルチャーが爆発していた。一柳慧は横尾忠則をその世界に案内する。毎日ふたりはサイケデリック・ショップをまわり、フラワープリントのネクタイを買い集めた。一柳慧は100本以上、横尾忠則も何十本、「お互いヒマだったからね」（横尾）、一柳慧は横尾忠則に日本に帰ったらネクタイ屋をやろうと話していた。

帰国したふたりは、ニューヨークで話したようにネクタイ屋をはじめることはなかったが、「一柳さんと、この時代を証言し、そして共有したという何か記念碑的な作品を残したいと考え、ふたりでLPレコードを制作することになった」（横尾）。

それがLPレコード史上最も異色であり、伝説となった『一柳慧作曲、オペラ横尾忠則を歌う』だ。これは横尾忠則の絵がレコード盤にプリントされた世界初のカラー・レコードだった。内容は一柳慧のピアノ演奏、フラワートラベリンバンドの前身である内田裕也率いるザ・フラワーズの演奏、高倉健の歌等、ふたりが共有した時代を見事に映しだすカレイドスコープのような作品であった。

田名網敬一＋篠原有司男、岩崎トヨコ

先駆者になれる。

先日、田名網さんが契約しているギャラリーに、突然Ｍｉｋａ（ミーカ）が宇多田ヒカルと一緒に訪ねてきた。ミーカは、イギリス在住のレバノン人、２００７年にミュージシャン・デビュー。デビュー曲『グレース・ケリー』がイギリスでナンバーワン・ヒット！　デビュー・アルバム『ライフ・イン・カートゥン・モーション』はヨーロッパ各国でチャートの首位を制覇《せいは》。現在26歳。

ミーカは田名網さんの絵の大ファン、ついに念願かなってリスペクトする画家に会い、20点も絵を買いあげてしまった。田名網ファンは、ＫＡＷＳ、スーパー・ファーリー・アニマルズ、ポール・スミスと外国に多いが、まさかミーカまでファンだったとは。

という田名網さんの近況だが、海外では「サイケデリック大王」としてちょっと異常な人気である。年々その人気が高まっているのは、アンダーグラウンドのシーンでじわじわ再燃している〝サイケデリック〟ルネッサンスと大いに関係があるらしい。現在、70歳をこえたのに、制作する作品のサイケデリック度は60年代をしのぎ、作品を見るかぎり10代の若者と思えるくらい生命力にあふれている。

いまもアート界で田名網さんは突出した存在だが、若者の頃もこの東京で相棒と最先端のシーンに生きていた。

★　★　★

18歳。田名網さんは美大を受験するために、阿佐ヶ谷の美術研究所にかよっていた。ひたすらデッサンをくりかえす日々、同じ年の予備校生としたしくなると、彼が田名網さんに言うのだった。

「オレのアニキはものすごく変わり者だから、田名網クンと会ったら気があうよ」

弟が、そのアニキをつれてきた。篠原有司男（通称、ギュウちゃん）だった。芸大をほっぽりだされていた。弟が言った通り、ふたりは出会った瞬間、「気があっちゃった」（田名網）。

田名網さんは武蔵野美術大学のデザイン科に入学する。と、武蔵美の学生でもないのに、（ここから通称のタナさんと呼ぶ）ギュウちゃんはタナさんと一緒に学校にきてしまい、とぼけて教室で授業をうけている。

ふたりは無二の親友になった。ギュウちゃんは、どこの世界にも顔がきく。〈劇団四季〉の演出家ともしたしく、公演があるとふたりで見に行って、公演後の打ちあげの飲み会にも顔をだし、三島由紀夫、美輪明宏に「学生さんも飲みなさいよ」とかわいがられていた。

ふたりはいつも行動をともにした。学生時代にタナさんは日宣美の特選を受賞してしまい、グラフィック・デザイナーとして脚光をあびる。学生なのに、サラリーマンの何十倍もの金を月にかせぐ。一方、ギュウちゃんは前衛芸術家として活動をはじめるが、前衛芸術は金にはならない。電車賃もないような生活。頭をモヒカン刈りにし、ペンキをぶちまけたようなTシャツを着て、改札口で狂人のように駅員をにらみつける。駅員はびびって目をふせる、そのスキに、改札を通過してしまう。

かせぎまくる学生デザイナーのタナさんと文無しの前衛芸術家ギュウちゃん。ふたりは、芸術に寄せる想いで結ばれていた。ふたりが10代の時に、「アンフォルメル」という新しい運動が世界的に興《おこ》っていた。フランスから、ジョルジュ・マチューという前衛芸術家が来日し、デパートのショー・ウィンドーの中で、飛びはねながら、抽象画を描いた。それを見て、ギュウちゃんはタナさんに、「これが芸術なんだ。ボクシング・スタイルで絵描いたら、もっと面白いよ」と言うのだった。実際、ギュウちゃんは〝アクション・ペインティング〟をボクシング・スタイルでやって、前衛の第一人者になってしまった。それもTV、新聞、雑誌でとりあげられるくらい人気者になっていった。でも、ギュウちゃんはいつもお金がない。一方、タナさんは学生の身分なのに、赤坂の高級マンションに住む生活を送っている。

当時、六本木には「野獣会」と呼ばれる不良少年・少女グループがいた。みんな20歳前後。

少女たちが中心になっていた。

そのリーダーが、お岩こと、岩崎トヨコだった。彼女とともに、当時まだデビュー前の加賀まりこや大原麗子、コシノジュンコらがいた。彼女たちは六本木のピザ屋〈ニコラス〉にたむろしていた。当時、ピザは高級な食べ物で、〈ニコラス〉くらいでしか食べられなかった。〈ニコラス〉の常連客は映画スター、スポーツ選手、流行歌手、流行作家たち。来日中のフランク・シナトラも食べにきた一流店だ。

「オレたちみたいなガキが行けるような店じゃないのよ。でも、ギュウちゃんとふたりでよく行ってたね。そこで、お岩たちに会って、仲よくなったんだよ」

前衛芸術かぶれの若者たちと不良少女たちはしたしくなってゆく。お岩と加賀まりこは、日常の会話では「さ」や「あ」をぬいてしゃべるので、ふたりには何を言っているのか、サッパリわからない。風呂にはいっていないギュウちゃんは、加賀まりこの部屋で、「あんた、おフロにはいんなさいよ」と風呂場に送りこまれる。

「お岩が、あの時代のアイコンだよ。当時の不良少女たちの憧れの存在ね。絵もうまくてね、ビュッフェみたいでね」

お岩は、黒澤明の『天国と地獄』に不良の役で出演し、一躍、「時の人」となる。黒澤監督にかわいがられていた。鈴木清順の『肉体の門』にも出演。それによって、さらに別格の存在となっていった。

「オレとお岩は同じ年だったのね。19歳。オレはもう雑誌のアート・ディレクターの仕事をしていたから、お岩にいっぱい絵の仕事まわしてね。でも、欲のない人間だった。絵、ずっと描いてたら、大変な画家になれたはずだよ。あんな面白い子はいなかったね、いまもいないよ」

★　★　★

「アンフォルメル」とは、非定形という意味だ。なんら形式に、定形にとらわれない芸術運動。芸術だけでなく生き方も問われる。戦後、まだ復興をとげてない東京。武蔵美の教室の床には穴があき、ガラス窓はほとんど破損していた。赤坂では力道山がヤクザに刺されて死亡した。六本木は暗闇の中に、ピザ屋が最も華やいだ明かりをともすローカル・タウン。若者たちのシルエットが、まだ星ひとつの輝きほどの現代アートやグラフィック・デザインの周辺にうごめいている。

少年と少女たちは毎晩のように、町で行動をともにしながら、そこに恋愛感情はない。金を破格にかせぐ者といつも文無しの者との間に格差はない。仕事に追われる者と無職者との間に屈折した感情はない。性別さえも彼らをへだてる要因とならない。何も障害はない。

だからこその「アンフォルメル」。

ギュウちゃんは60年代にはロックフェラー芸術財団のまねきで渡米し、その後、ずっとマンハッタン暮らし。昨年は、ふたりはともにドイツ・ベルリンで同時に個展を開催し、ひさしぶりに会って数日一緒にすごした。

★　★　★

お岩は、その後、60年代末にはカルト・ムービーの人気ナンバーワンといっても過言ではない松本俊夫の『薔薇の葬列』に出演し、さらに当時圧倒的影響力を持った『平凡パンチ』で当代一のヒップ・ガールとしてカリスマ的人気を獲得していった。いまも、フラーッと、田名網さんの個展に姿を見せる。

★　★　★

およそ50年前の東京。若い田名網敬一、篠原有司男、岩崎トヨコたちの関係に、サブカルチャー・シーンの幕開けを告げるONE+ONEの原型を見る。

ビートルズ／ジョン・レノン＋ポール・マッカートニー
階級、金、学歴をこえられる。

ジョン・レノン＋オノ・ヨーコ
人生のすべてをＹＥＳにできる。

「ロックンロール」とは「Rock&Roll」。

ひとりがロックし、それをうけてひとりがロールする。ふたつの魂はスパークする。

★　★　★

ある日、リヴァプールの教会で、15歳のポールがエディ・コクランの『トゥエンティ・フライト・ロック』をロックし、16歳のジョンの魂はその瞬間、思いきりロールした。

★　★　★

１９５６年、アメリカでエルヴィス・プレスリーがデビュー、ロックンロールが世界を席捲《せっけん》していた。リヴァプールにも、その史上初の熱狂的な若者音楽は上陸していた。しかし、この港町にはまだロックンロールを受けいれるだけの文化的土壌はまったくといっていいほどなかった。それでも、ロックンロールに心酔する若者はいた。トラック・ドライバーあがりのプレスリーは、「人生は階級やお金、学歴に支配されているという考えを消し去ってくれます」（『ジョンがポールと出会った日』TOKYO FM出版）と感じさせる力を持っていた。

プレスリーは16歳のジョン・ウィストン・レノンにとってアイドルだった。ジョンはテディ・ボーイまがいの不良少年で、そのまま年をとったら港湾労働者にでもなるしかない労働者階級の出身だった。しかし、突如としてこの世に出現したロックンロールに未来の光を見ていた。賭けるに値する何かが、そこにはあると感じていた。ジョンはバンドを結成した。ギターを弾《ひ》いていたが、ロックンロールのやり方がわからず、トラッド・フォークとボードビルを合体したようなバンドで気分にひたっていた。バンドはクオリーメンといった。

★　★　★

リヴァプールにはもうひとりロックンロールの洗礼を全身全霊にうけた少年がいた。ジェームス・ポール・マッカートニー。14歳の時、母を癌でなくしたことにより、心にポッカリ空いてしまった空白を、ポールはロックンロールに夢中になることによってうめようとし、ひとりギターを弾いていた。

★ ★ ★

1957年7月6日。クオリーメンは地元の教会のバザーに出演することになった。ジョンとしたしく時々クオリーメンのメンバーになる少年がいた。彼はポールともしたしく、「バザーに行って、レノンに会おうぜ」と誘った。ポールはギターを持って、教会に出かけて行った。ショーを終えたジョンはバンドのメンバーたちと教会で休んでいた。そこにポールがあらわれたが、ジョンは無視するかのように話もしなかった。ジョンは見るからにタフ・ガイ、ポールは甘いマスクの坊やに見えた。するとポールはエディ・コクランの『トゥエンティ・フライト・ロック』をギターを弾いて歌いだした。その瞬間、ジョンは全神経をポールの演奏と歌にかたむけた。ジョンは自分より優れた若きロックンローラーとはじめて出会ったことを直感した。

★ ★ ★

「ふたりの若者は、やっとお互いの名前を知った程です。でも二人は『何も知らない仲』からは、はるか遠くまでやってきました。お互いの手首に、ロックンロールの血をそそぎこんだ仲なのです」（『ジョンがポールと出会った日』）

★　★　★

その10年後、ジョン・レノンに2度目のロック&ロールの瞬間がやってきた。

★　★　★

ある日、ロンドンのアート・ギャラリーで、日本人のオノ・ヨーコが前衛芸術「YES」をロックし、ジョンの魂はその瞬間、静かにロールした。

★　★　★

ふたりが出会ったのは1966年11月7日。その時、オノ・ヨーコはまだ世に認められぬ自称・前衛芸術家として、ロンドンの〈インディカ画廊〉で個展の準備中だった。そのギャラリーはロンドンのアンダーグラウンド系アートの拠点となっていた。書店も併設されていて、ジョンはよくそこにニュー・エイジ系の本や哲学書を買いにきていた。

その日、ふらりとやってきたジョンが、ギャラリーをのぞくと、そこにヨーコがいて、ハシゴが立てかけてあった。ジョンは興味津々、ハシゴをのぼった。すると天井に真っ白のキャンバスが固定されていて、そこにはちいさい虫眼鏡がぶらさがっていた。ジョンが虫眼鏡でキャンバスをのぞきこむと、「ＹＥＳ」とだけ、そこに描かれてあった。

★　★　★

やがて、ビートルズは解散し、ジョンとヨーコの時代がはじまった。10年経って、ふたりは『ダブル・ファンタジー』を制作した。「ひとりで見る夢はただの夢　誰かと見る夢は現実」とメッセージした。出会った時、ふたりの間にあった言葉は「イエス」、最後は「ダブル・ファンタジー」だった。ビートルズも、ジョンとポールの「ダブル・ファンタジー」だった。

★　★　★

ジョンとヨーコが見た夢は、「いつも一緒にいて、仕事をし、ともに生きる」という、とてもシンプルなことだった。

チェ・ゲバラ＋フィデル・カストロ

革命を成しとげられる。

チェ・ゲバラは1959年7月15日、日本にきている。この年、1月3日、ゲバラはハバナに入城し、その5日後、カストロの本隊も入城、キューバ革命は達成され、ゲバラはカストロと夢見た理想国家の建設に着手する。この時、ゲバラは30歳、カストロは32歳、この若さこそが、老獪《ろうかい》きわまる権力者に戦いを挑む自信を生んだ。

1959年6月12日、ゲバラはキューバの代表者としてアフリカ、中東、アジアをめぐる旅にたった。それは親善使節団の形態をとり、団長はゲバラ、旅の相棒は副団長の医者、オマール・フェルナンデス、ゲバラより2歳若い28歳だった。7月15日には日本に到着し、外務大臣、都知事との会見、工場視察のスケジュールをこなしていたが、ゲバラが本当に見たかったものは、原爆投下された広島。その視察旅行は日本政府から許可がおりなかった。それでゲバラはあきらめるような男ではなかった。ゲバラは大阪に滞在してる時、相棒のフェルナンデスに、「今夜、広島に行くぞ。君とぼくのふたりでだ」と言い、ホテルをぬけだし、夜行列車に乗りゲリラ戦士のように広島にむかった。そんな旅で3ヶ月行動をともにしたフェルナンデスは「あの旅の中で、私たちは本当の友人になった」と回想する。だけど、旅先でふたりで語りあったことは「それは秘密です。男同士の秘密は墓まで持って行きます。それが、男同士の友情ってもんでしょう?」

男同士、ふたりだけの秘密を持つことによって、絆が強くなり、事を成しとげる力になることをゲバラはわかっていた。

★　★　★

1955年7月末の某日。潜伏先のメキシコ・シティでゲバラはカストロとはじめて出会った。ふたりは一晩語り明かし、朝にはゲバラはカストロが組織した革命軍の軍医になる決断をしていた。多分、この時も墓まで持っていくふたりだけの秘密を持ったはずである。それが何であるかは、誰も知ることはできない。だけど、「ONE+ONE」から生まれた絶対の秘密こそが、革命を成就させ、建国へとむかわせた最大の力になったにちがいない。

渋谷古書センター&フライング・ブックス/山路茂+山路和広

家業を発展できる。

戦後の闇市からはじまった山路家の古書店は現在父子2代の経営となっている。ふたりは今年3年ぶりに在庫目録を出版した。全264頁、手にとるとズッシリ重い。アナログのリアリティ。男っぽくもある。表紙裏に、山路茂と山路和広の名。うち221頁は父の在庫一覧、総数9114冊を数える。すべてヴィンテージである。それは書の銀河系を想わせる。対し、息子の目録は40数頁、全414冊、すべて超ヴィンテージである。それは新たに誕生した太陽系を想わせる。

★　★　★

父の書店は〈渋谷古書センター〉。息子の古書店は〈フライング・ブックス〉。店は渋谷の東急プラザ裏にある。書店のある通りはフーゾク店も赤ちょうちんも博多ラーメン屋も立ち食いそば屋もあり、戦後すぐは闇市だった。

古書店は3代つづいている。創業者は祖父。が若くしてみまかった。かわって祖母が女手ひとつで店をきりもりする。店の経営を父が継《つ》いだ。父が大学生の頃は学園闘争最盛期、その頃シベリア鉄道でユーラシア大陸を横断し世界一周の旅をした。父が継いだ〈渋谷古書センター〉は神保町よりも先に何軒かの古書店が連合したセンター式の業態をとっていた。

1975年、息子が生まれた。渋谷の病院で産声《うぶごえ》をあげた渋谷っ子だ。生家が古書店だからといって息子は特に本にしたしむ子供時代だったわけではない。中学生の頃はウォークマンでガンズ・アンド・ローゼスを聴きながらスティーブン・キングを読みあさっていたし、ヒップホップ、メタルにも傾倒《けいとう》、中学3年の夏休みはLAに永住していた伯父さんを訪ねて渡米。その時、日系の同世代の少年と聴いたSODに衝撃をうけた。それは一曲一分間の世界最速を誇るハードコアパンク・ユニットだった。山路少年はそんなストリート・キッズだった。家業の古書店は、だからまだ遠い世界だった。

高校時代はちょっとしたスチューデント・パワーに気勢《きせい》をあげた。生徒会長となり次々と矛盾だらけの制度を変革してゆき、多額の金がムダにつかわれていたくだらない同人誌の発行をやめさせ、その予算を文化祭のロック&DJライブのPAとミキシング・エンジニア代にまわした。その生徒会を運営するのに役立ったのが、自分ちの古書店の100円コーナーで失敬したビジネス・ノウハウ本だったというから並じゃない。ミック・ジャガーも確か経営学を学んでいるはずだ。その頃、好きでよく行っていた代官山あたりのセレクトショップが、バブルの崩壊のあおりをくらってつぶれていくのを目の当たりにして、今後、自分が何かする時に、経営のノウハウだけは修得していかなければと心す。

大学は会計学や商法、労働基準法を学べる法学部に進んだが、それはしょせん、実践の裏づけのない学問と見ぬき幻滅、夜間は専門学校に足を運ぶ。大学在学中にふたたびＬＡに。伯父さんと一緒に車でシアトルまで旅に出る。グランジ・ロックのヒーロー、カート・コバーンは前年自殺していた。シアトルではまだ日本に上陸していなかった〈スターバックス〉の洗礼をうけ、倉庫街に一軒カッコいい本屋を見つける。名を〈エリオットベイ・ブックス〉という。もとはレンガ造りの古い倉庫。床は全面板ばり、カフェが併設されていた。日本では見たこともない書の宇宙だった。そこで山路君ははじめて〝ブックショップ・カルチャー〟にふれる。

帰国してしばらくしてからヒマつぶしに出かけた図書館で偶然手にした日本版『エスクァイア』の〝ビート・ジェネレーション特集〟に衝撃をうける。それにサンフランシスコの伝説のブックショップ〈シティライツ〉オーナーのローレンス・ファーリンゲティの発言が掲載されていた。「それの内容が、これからはヒューマン対ノン・ヒューマン、ヴァーチャル対リアル・ライフの戦いだ、エレクトロニクスばかりにたよってんじゃねえって。このジジイ、カッコいい。そこらへんのパンク・バンドの連中の言ってることよりぜんぜんカッコいいって思いました。その時、本屋だってパンク的メッセージを発信できるってわかった」

それでも自分を試してみたいと思い、〈カルチュア・コンビニエンス・クラブ〉に入社する。

カンパニーで山路君はよく働いた。まずはゲームソフトとパソコンソフトの新部門の立ちあげスタッフとなり、かなりの売りあげをつくった。その後、名古屋に転勤になり、ＣＤのバイヤーを担当。中京地区約30店の顧客の嗜好《しこう》にあうＣＤを演歌からヴィジュアル系まで幅ひろくセレクト。この名古屋時代にははじめて〈ＴＳＵＴＡＹＡ〉店内にブック・コーナーを設《もう》けた。山路君好みのインディーズ系の主に旅ものの出版物をおいたところ、これが思わぬヒットとなった。「名古屋の市街からはずれた直営店だったので、本部の目もとどかずやりたい放題でした」という仕事ぶり。

サラリーマン生活ははじめから「２年以上３年未満」と決めていたので、24歳で〈カルチュア・コンビニエンス・クラブ〉をやめた。シアトルの本屋のあの空気感、日本版『エスクァイア』で読んだファーリンゲティの発言……「〈ＴＳＵＴＡＹＡ〉の時は店のお客が１００人いたら１００人にアプローチしなきゃいけなかった。１００人いたとしても５人でいいから、深くコミットしたい。５人でいいからその人の価値観とか世界観を変えるお店をやりたいと思ったんです」。

とはいっても、古書店の世界では40歳でも若手、50、60でやっと中堅といわれる封建的な世界、24、25じゃヒヨッコあつかい。そこで修業するのはきつい。じゃあ、どうする？「ほかの人がやれないことをやるしかないと思いました」。それで、まずは父のもとで働きはじめる。旅慣れたアメリカの本屋をめぐる買いつけに行くこととした。

あらかじめ決めた予算の範囲で、自分の勘をたよりに、雑誌から写真集、アートブックまで幅ひろく買いつけたが、古本屋としての知識はまだまだ。高額でもどうしても手にいれたくて悩む本があったりすると国際電話で父に相談したりもした。そんな中で最も印象に残る一冊がロバート・フランクの『アメリカンズ』の初版、カバーなし。閉店ぎりぎりまで悩んで購入を決意した時、店主が記念にワインをプレゼントしてくれた。

★　★　★

「最初はオヤジの店をぼくなりに盛りあげてやっていこうというのがコンセプトでした。オヤジの専門は美術系で、横尾忠則さんの作品集なんかはたくさん在庫してて、面白えなって思いましたね。

一方、個人的に面白いって思ってたのがビート文学で、そんなのオヤジの古書の価値観からすれば二束三文だった。ある時オヤジが出店していたデパートの古書フェアがあって、そこではじめて自分でも古書目録を書いたんです。アメリカで買ってきた写真・アート系の本をメインで売ったんですけど、ところが、売れないだろうと思いつつ掲載したビート系の本の方が売れてしまったんです。それで、もっとコンセプトを打ち出した店をきっちりやれば、もっと伝わるんじゃないかってイメージができてきました」

「それとぼくのイメージの中にサンフランシスコの〈シティライツ〉があった。ぼくはアメリカに買いつけに行った時、〈シティライツ〉に行ったんです。その時、ギンズバーグの『吠える』のサード・プリンティングを見た。それはいま何百ドルもするんですけど、それが古本屋の1ドル均一みたいなコーナーにあって、発売当時の値段はたった75セント。ホチキスどめだったんです。それ見て、こういうメッセージをぼくも手軽に若い連中が手にいれられる値段でやってみたいと思い、それでワン・コインの詩集を自費出版はじめたんです」

ワン・コイン、すなわち500円である。1冊目はタンゴヨーロッパのボーカリストだった作詞家のさいとういんこの詩集を出版。それが日本のビート詩人の大家たちの目にとまり、ワン・コイン詩集の出版は軌道にのっていった。この頃、ビート詩人の教祖、ゲイリー・スナイダーとも長野県で旅をともにしたことによりしたしくなった。詩人たちとの交友がはじまり、山路君は詩の朗読会のプロデュースをするようになる。

★　★　★

そして28歳になって、ついに父の書店から独立したブックショップ〈フライング・ブックス〉を2階に開設することになった。書架を埋める本はほぼすべて、精神の冒険を挑発する品ぞろえ。その書架も可動式で、隅に寄せればイベント・スペースとなり詩の朗読会を開ける。カウンターのカフェも併設されている。いつも抜群の音楽が店内に流れているのだが、それも「本を売るだけならネットでもいい時代ですけど、ぼくがやりたかったのは本屋ですごす時間や空気をプレゼンテーションすることで、だからＢＧＭを５・１チャンネルにした。多分５・１チャンネルのＢＧＭいれてる本屋はうちだけです」。その上、〈フライング・ブックス〉はＣＤの自主レーベルまで発足した。

★　★　★

〈フライング・ブックス〉にはゲイリー・スナイダーもやってくるし、ロンドンのモード・クリエーターのポール・スミスもやってくる。山路君が一番したしくしている同業者はカリフォルニアのバークレーにいるジェフ・メイサー。彼は山路君と同じく若く、本屋をやりながらもグランジ系のロック・バンドのメンバーとしてＣＤも出している。「ジェフとはしょっちゅう詩集の情報交換してるんです。最近彼から買ってすごく気にいっているのは、彼がしたしいソニック・ユースのサーストン・ムーアがつくったホチキスどめの手づくりなのに限定ナンバーとサインのはいった詩集です」

★　★　★

全264頁の父子の在庫目録は息子の頁が今後ふえていくのだろう。その目録から父子の書物に対する愛情がひしひしと伝わってくる。

ところで、山路茂さんは息子の書店経営をどのように見ているのか、話を聞きにいった。

古書販売の仕事をはじめた時、まずは神田の古書店で「ゼロからってことで、はじめは便所掃除、カーテンレールの交換、扇風機の掃除。丁稚奉公です。神保町だから大学の同級生に会ったら、山路、お前、何やってんだってビックリされたり。そこでわたしは仕事おぼえていった」。71年に家業を継ぐ。やがて息子がともに仕事をするようになった時、父は――。

「好きなようにやればいいと思ってました。もともとプレッシャーのいっぱいある仕事なんです。その中で好きにやってみろと。見てて、たとえばぼくらでも臆《おく》する四谷シモンの人形やフランク・ロイド・ライトのドローイングとか、売値で100万以上もするのを落札し、結局、それを安売りしないで売った。それはすごいと思いましたね。普通売るために、みんな安くしますから。息子はそれをしなかった」

なるほどと思った。

そこに、息子が「好きなようにやる」ための、まずは戦いどころがあったのだ。そして、父を感心させることになった。

泉昌之／泉晴紀＋久住昌之

変わり者のままでいられる。

バンド名義で活動しながら解散後、メンバー全員がソロ名義で活動をつづけたのはビートルズが最初だった。ソロでも個性を光らせているのに、バンド名義で活動をはじめたのはクロスビー・スティルシュ・ナッシュ&ヤングが最初だった。ほかにもいたのだろうが、記憶にのこっているのは、そのふたつだ。その活動の仕方に、可能性の方式を感じた者も多い。ひとりでもできるのに、人と組めばそこに相乗効果がヒョウタンのコマのように生まれてくる。

★

★

★

泉昌之は、ホワイト・ストライプスではないがメンバーふたりのバンド名だ。ただし、彼らは、音楽のためのユニットではない。泉晴紀と久住昌之。作画と原作。漫画家だ。

泉昌之名義ではすでに16タイトル、久住昌之＋泉晴紀名義で3タイトルを既刊し、今年の夏に泉昌之名義の新刊『天食』が発表された。だから全20タイトル。デビューは1981年の漫画誌『ガロ』。トレンチコートにボルサリーノをかぶった男（実はハンフリー・ボガード）が夜行列車の座席で、ただただ幕の内弁当のオカズを食べてゆく順番にこだわるという、内田百閒先生の夢物語のような作品で、一種衝撃的なデビューを飾った。異色を売りにしていた『ガロ』の他作品がマトモに思えるくらい偏執的だった。

80年代半ば頃から、ふたりはソロ名義の活動をはじめた。泉晴紀はソロ名義で5タイトルを既刊、久住昌之は18タイトルを既刊。そっちでも人気をえる。久住昌之は、実弟の久住卓也や谷口ジローらとも組む。でも、ふたりのキャリアのスタートは泉昌之というバンドだ。この活動があったからこそ、ソロ活動も発展していった。

まったくタイプの異なるふたりの若者がいた。漫画じゃなきゃ、この組みあわせはなかったのだろう。

★　★　★

似てるのは、イズミとクスミの名前のサウンド。ともにいまは吉祥寺の住人であること。ぐらいかね。では各々の足跡をたどってみる。

★　★　★

泉さんの10代は見るもの聴くもの衝撃の連続だった。1955年、石川県金沢市に生まれた。早くから漫画が好きになり模写などをしていたが、最初の衝撃は、イギリスから宇宙を中継しお茶の間にやってきた、THE BEATLES! その時、小学生5年だった泉さんは『愛こそすべて』を「ガムかみながら歌ってましたからね、ショックでしたね」。そこ、見てたか。それが音楽の衝撃。

その頃、国民的青少年漫画雑誌となっていた『少年マガジン』の表紙のADを横尾忠則が担当。斬新きわまるグラフィック・アートに「カルチャー・ショックでした。それで漫画描くのをやめたんです」と撃たれる。それがアートの衝撃。サイケのピーター・マックスにも激しく感応する。

15歳の時、三島由紀夫の事件に、「腹をきった。あんなめちゃくちゃなものはない」と3度目の衝撃がやってくる。はじめて三島の小説を読み、仏教哲学に傾倒《けいとう》。それが文学の衝撃となった。15歳までに3度の衝撃をうけた少年は、どこへ行くのか。

横尾忠則の影響で、グラフィック・デザイナーを志し、地元のデザイン学校に入学。円山応挙の模写で絵を習う。卒業後、京都のデザイン会社に就職し、寺をめぐって仏像見学に明け暮れようと願ったが、1ヶ月で名古屋に転勤。2年勤務し、京都に戻った。そこで4度目の衝撃がやってくる。

「ゴッホ展で自画像を見て、うちのめされました」

この時、20歳になっていた。絵を本格的に志し上京、美学校に入学する。

★　★　★

一方、久住さんは〝衝撃〟が一度もない少年期を送る。泉さんより3年のちに、東京都三鷹市で生まれる。絵は幼稚園児の時から好きだった。だけど『ゴジラ対モスラ』を見て、ゴジラを描こうとしたが、子供には描けない。第一に色がむずかしい。しょうがないので、母親に、ゴジラのプラモデルを見せて、「コレ、朝までに描いておいて」とたのんだ。翌朝完成した絵を見て、「いいな」と思った。そんな子供だった。

それでも絵が好きで描いていたが、小学生の時、クラスメートと一緒に絵を描いたら、相手がうますぎる。「オレは彼のようには描けないって、そこで絵をあきらめた」。でも、小学生5年の時には親友とふたりで、『弱虫ゲンタロウ物語』というオリジナルの読み物を創作している。そんな子供だった。

中学で音楽に目覚める。フォーク・ギターを買ってエンケンこと遠藤賢司の『満足できるかな』をコピー、ののち、フォーク・デュオを友人と結成。それは特別なことではなく、みんなかぶれたギター・ブーム。高校1年でユーミンを聴くようになる。その後、RC、憂歌団。生活の中心に音楽があった。嗜好《しこう》はブルースへとむかう。ロバート・ジョンソン、ライトニン・

ホプキン、マディ・ウォーターとルーツ・ミュージックに傾倒《けいとう》する。そんな青年になっていた。

大学を受験するも、すべて不合格。やむをえず、法政大学社会学部の二部に入学。通学は夜間。昼はバイトしながら、やはり好きな絵をやってみようと、美学校に入学することにした。18歳の時だった。

★　★　★

泉さんは美学校に入学したが、泉さん以外ほかの学生はほぼすべて、『ガロ』の影響下にあった。漫画家を目指していた。「ぼく以外のまわりがみんな漫画ファンだった。それも『ガロ』。ぼくは読んだことがなかった」（泉）

「オレは高校のときに、『ガロ』を読んでて面白いと思ってたのね。でも漫画家になろうとは思わなかった」（久住）

泉さんは美学校の縁で、『ガロ』の常連作家だった鈴木翁二の調布の自宅を訪ねた。六畳一間のアパート、壁全体に墨で一本の線が横に走り書かれているのを見て、「狂ってる。常軌《じょうき》を逸《いっ》して面白かった」と、これも一種の衝撃だったのだろう、たまげてしまった。

それから『ガロ』を読む気になり、スイッチ・オン！　漫画を描きはじめる。作風は子供の頃、貸本屋で立ち読みしていたという、昭和30年代の劇画タッチ。

久住さんは友だちと飲み屋で雑談するうちに、「みんな物食う時、ゴハンとオカズの減り方、気にしてるの知って、それだけの漫画あったら、面白いよねって思うようになった」。作風が生まれた瞬間だった。

★　★　★

〝衝撃〟は日常に対する非日常の側からの襲撃だ。そこで泉晴紀の個性は育《はぐく》まれてきた。一方、久住昌之は日常のいとなみの中に、人間のおかしみを発見する。そこで個性を育んできた。ゴジラの絵を母親に描いてもらったのがはじまりかも知れない。見事に相反する。

「泉クンが描いた漫画見せてもらったら、いまどきこんな時代遅れな作品を描くやつっていないな、面白いなと思って、弁当食ってるだけの原作をコンテで見せたら、面白いなって、一緒にやることになった。これは一般的な漫画からしたら変だけど、オレは面白いと思った」(久住)

★　★　★

「ぼくが22で、彼はまだ18。お弁当漫画の原作みたらすごく面白い。作品描いた時、どこに持ちこんでも採用されると思った。だけど、全部、メジャーの漫画からは相手にされなくて、

『ガロ』に採用された。その時のペンネームが泉昌之になったんです」（泉）
「泉クンは、マジメに一生懸命描いてくれた。本当に時間かけて描いてくれた。オレのゆるいとこ、泉クンの絵がひきしめてくれたんだね」（久住）

★　★　★

「オレは個性が好きだから、きっと人の個性を増幅させるのがうまいんだと思う。こうすれば、もっと強烈になるって。たとえば、時々、コンテで女の人の顔に〃すごい美人〃て書いておくの。そうすると泉クンがこまって、一生懸命、美人を描いてくると、面白いなって」（久住）

★　★　★

「ぼくら最初から妙なコンビでした。プロの自覚のないまま、ただ楽しいから一緒にやろうってやってきた」（泉）

★　★　★

「ONE＋ONEってわかるなぁ。オレ、その典型だもの。中学生とか高校生の時に、すごくおとなしいヤツなのに、隣の席になってみたら、内面は面白くて、オレのぜんぜん知らないレコードとか聴いてて、何それって聴かせてもらうと、世界がひろがったりして。ひとりじゃ何もできないよね」（久住）

★　★　★

「最近、自分の頭の中にある世界を描きたいと思いだした。横尾さんが絵でやったことを漫画でできないかなって。人にショックを与えたい。やっと手ごたえを感じる」（泉）

★　★　★

「面白いものとは、自分の見せたくないものとか、自分の滑稽さとか恥ずかしいとことか、それを漫画にしてるって実感はある」（久住）

★　★　★

泉昌之名義の新刊『天食』のカバーは泉晴紀が描きおろした。その絵を久住昌之は見て、ブログに感想を書いた。

「久住クンがブログに狂ってると書いてくれて、それサイコーの誉《ほ》めコトバです。すげえうれしかった」

ここにふたりの初心を感じる。

★　★　★

『天食』のオビに、奥田民生がコトバを寄せている——「俺もこんな風に曲を作りたい。というか、作っている」

下田昌克＋Jamyang

いつも笑っていられる。

「彼らといると、ひとりでいるのと同じぐらい楽だった」（下田）

★　★　★

１９９４年から１９９６年まで、ぼくは中国、上海からチベット、ネパール、インド、そしてヨーロッパを旅行した。その2年間の旅行の中で一番長く滞在した場所がネパールのカトマンズだった。着いてすぐに、そこに住むチベット人の人たちと知りあい、友だちになった。年齢も近い彼らと毎日遊んだ。彼らとたくさんの時間をすごした。いいことも、ちょっと悪いこともした。いろんなことを教えてもらった。二十代半ばだったぼくは、そこから生きて行くのに必要だったことをほとんど彼らに教えてもらった気がする。（『ヒマラヤの下インドの上』河出書房新社）

日記に見る彼らとの或る日は——。

★　★　★

2／28　午後、Jamyang（ジャムヤン）から電話がかかってくる。Jampa（ジャンパ）の家から。電話のむこうでJampaがZiggy Stardustを歌ってくれる。受話器のむこうからJampaの歌声とギターが聞こえてくる。ぼくはたったひとりでゲストハウスのかいだんのおどりばで受話器をにぎってさけんでいる。

"oh yeah" "uuuhh"

★　★　★

下田君は子供の頃から絵は好きだったが、絵を描くことが仕事になるなんて思ってもみなかった。兵庫県に生まれて、高校は明石の美術系の県立高校。「そこ、学科試験がなかったんで入学できたんです、ヘッヘッ」。下田君はグラフィック・デザインの仕事でもできたらと上京、桑沢デザインに入学。やがて、東京でデザイン事務所に入社するも一年でクビ。ほかの事務所に移っても、クビ。定まるものなく25歳になってしまい、何やっても長つづきしない。このままずるずるやっているより、一度思いきって仕事をするのをやめようと思った。

と途端に旅に出たくなった。

旅の手段はお金もなかったので、テントを買って自転車旅行にした。当初の予定は1ヶ月。やってみたら、出会った他人が家に泊めてくれたり、食事にまねかれたり、野良仕事を手伝ってみたり、道路工事をしてみたり、そこそこお金もかせげ、「そんな生活が面白くなってきちゃったんですね」。

漠然と下田君は旅に〝活路〟を見い出すようになっていた。デザイン事務所につとめても、ひどい時は1ヶ月でやめていたのに、旅は案外つづけられる。

1994年、神戸から上海行きの旅客船に乗った。絵を描くつもりはなかった。日記でもつけようと色鉛筆を持っていった。上海より先に行くつもりはなかった。上海の街をうろついているうちに、スケッチブックに風景を描いていた。

――いつのまにかたくさんの人が僕のまわりを取り囲んでいた。絵を描く僕の側に座って、邪魔なくらい顔を寄せて覗いてくる人がいたので、なんの気なしにその人の顔を描き始めた。描き終わって、できたよと絵を見せると、集まっていた人たちから拍手が起こった。

（『PRIVATE WORLD』山と渓谷社）

「その時、絵描くの楽しいと思ったんですね。それまで楽しいと思えなかった。学校で絵描いてる時は、油絵とか水彩画でしょ。そうなると、絵の具を準備したり終わったら片づけたり、それがいやだった。色鉛筆だと楽でしょ。鉛筆だからけずっておけばいつでもつかえるし。それと、学校では、品評会があって、内面がどうの、テーマ、コンセプトとか話にでてきて、でも、ぼくはぜんぜんそういうことに興味なくて、自分の表現がどうのなんてどうでもよくて。それで、人を描くことがスポーンとはまったのかもしれませんね」

上海で人物画を描く楽しさを知ってから、下田君は旅をつづけてみたくなる。街角で人物画を描いていると、隣で町の人が色鉛筆をけずってくれたりする。「絵描いただけで、そこのエリアの一角がぼくを受けいれてくれて」、下田君は絵を描く旅人となって、チベットへ行き、ネパールのカトマンズにはいった。

カトマンズには5ヶ月も滞在した。そこで下田君はジャムヤンとジャンパに出会った。亡命チベット人の彼らは、民族特有の文化を誇りに思いながらも、その彼らの民族意識が壁になることもなかった。

「彼らの何が面白かったのかわからないけど、退屈な彼らの日常にはいっていた気がする。みんなが昼間から集まってだらだらしてるカフェがあって、夜は夜でみんなが行くバーがあって、ぼくもそこでだらだらしてたら、現地の同じ年ぐらいの彼らと一緒に遊ぶようになって、そこで絵を描いて、5ヶ月、いつも一緒にいた。まさか外国で友だちができると思っていなかった」

その時、ジャムヤンはトレッキングのガイドなどをやりながらカメラマンとして、『ロイヤル・

ネパール』の機内誌らの仕事をしていた。そのジャムヤンの高校の同級生がジャンパだった。ジャンパはカトマンズのバーやライブハウスで演奏するミュージシャンだった。彼らはいつもカフェやバーにたむろしていた。まだ、下田君もふくめて3人とも〝将来〟は手にしていない。

「ある時、夜、バーでジャンパと将来のこと話したんです。どうするのって聞かれて、ぼくは絵を描きはじめてたから、絵描きになろうかなって答えて。でも、どうやったら仕事になって、お金もらえるのかわからない。ジャンパは、映画スターになりたいけど、でも、ネパールにはヒンドゥー映画しかないからなって、ふたりで冗談いって笑ってた」

１９９４年、まだ3人は何者でもなかった。下田君は5ヶ月、彼らと一緒にすごし、また戻ってくるから、「じゃあね」と荷物を彼らにあずけ、インド、ヨーロッパへとひとり旅をつづけた。

★　★　★

１９９９年に、「2月、チベットの旧正月にあわせてカトマンズにこないか」とジャムヤンから絵ハガキが届いた。3年ぶりに下田君はネパールへ行った。到着日を知らせる手紙をジャムヤンに出していたのに、下田君の方が先についてしまった。そのことがおかしくて、ふたりはゲラゲラ大笑いして抱きあったら、その瞬間3年前のカトマンズの日常に戻ってしまっていた。また彼らとの日々がはじまった。ジャムヤンとは彼の故郷の村へ小型プロペラ機に乗って出かけた。機内でふたりはインディ・ジョーンズのテーマを口ずさんでいた。

まだ彼らは何者でもなかった。

下田君は、3年の間になんとかやっと絵の仕事をはじめていたが、「まだ、どうやっていいかわかんない」状態だった。だけど、カトマンズではもう有名な絵描きになっていた。半分冗談にしても、ジャンパが「シモダがくると、町中、みんな絵を描きだす」って言うくらい。94年のカトマンズでは宗教画の画家はいても、日常を描く絵描きはいなかった。

★　★　★

ジャンパは映画の仕事をはじめたが、当初は欧米からネパール、ヒマラヤにくる撮影隊のコーディネーターとして働いていた。スタッフ・サイドの仕事だった。その後、『キャラバン』でも撮影スタッフをつとめ、この作品はオスカーの外国語映画賞にノミネートされ、日本でも大ヒットを記録。1999年にはアメリカ人監督の『風の馬』の主演に抜擢《ばってき》されジャンパは映画俳優としてデビューを飾った。

★　★　★

「ぼくらは1994年のカトマンズで会ってる。今年がダライ・ラマ亡命50周年というので、ダラムサラの式典に行ったら、そこに世界中からきてた記者やカメラマンのたくさんの人たちが1994年のカトマンズにいて遊んでた人たちだった。その頃は、みんなまだ何をしているのかわからなかった。その後、みんな近い世界で仕事していたんです」

★　★　★

ジャムヤンはカトマンズで出会ったアメリカ人女性と結婚し、いまはニューヨークに住んでいるらしい。下田君は、最初の2年間の放浪で描きためた絵を、『PRIVATE WORLD』という作品集で発表し、その本はアート本では記録的なベストセラーになった。TV番組『情熱大陸』にも出演した。そして、ジャムヤンとジャンパとの1999年から2005年のネパールでの日々を、『ヒマラヤの下インドの上』という見事な作品集にまとめあげた。

★　★　★

下田君にとって、外国でできた「まさか」の友だちは、「みんなそれぞれに、でも確実に年を重ねている。たまに会って、何があったか、いまはどうなったのかを話す。そしていままでのことを思い出して笑う。いろいろあっても会うと昔と変わらずに話ができる人たち」（『ヒマラヤの下インドの上』）

★　★　★

「ネパールと日本ははなれているけど、ぼくらはいつも同じひとつの月を見ている」とジャンパが下田君に言った。

ONE PLUS ONE:26

忌野清志郎＋井上陽水

永遠の響きをつくれる。

Ｉはいまから40年ほど前、フォーク・シンガーとしてデビューした。まだ20歳ほどだった。当時ではめずらしくフォーク・シンガーなのにグループ・サウンズや歌謡歌手たちの芸能プロダクションに所属していた。

そのプロダクションに、福岡から上京したばかりのフォーク・シンガーのI'もいて自然、ふたりはしたしくなった。まだふたりとも売れなくて、人気も金もない頃、都下の町にいて、アパートに住んでいた。I'のつくった自慢のカレーを食べに、Ｉは彼のアパートをよく訪ねた。ビートルズのレコードを聴いたり、ギターも弾《ひ》いた。たった一曲だけ一緒に歌もつくった。

もう星は帰ろうとしている
帰れない二人を残して

と歌う、それはロマンティックな曲だった。

70年代に、日本の音楽史上初のミリオン・セラーをI'は成しとげ、その名盤にふたりの共作は収録された。その頃、Iはまだヒットがなく、コンサートではよくI'の前座で歌い、Iは客から野次られた。80年代にはいると、IはI'の人気を追いぬきスーパースターとなったが、もうフォーク・シンガーではなく、ロック!!だった。

共作の曲名は、『帰れない二人』。

でもひとりはいずこか遠い星へと帰ってしまった。その歌に、永遠の響きをのこして。日本のフォーク&ロック史上これほど美しい曲もない。

二人は永遠に、ひとつの歌の中に、I：忌野清志郎、I'：井上陽水。

ゴンチチ／ゴンザレス三上＋チチ松村

快感を追求できる。

社会は――。

陰と陽、右と左、東と西、過去と未来、丸と四角、生と死、柔と剛、無と有……本当は共存し、共有でき、調和し、相乗し、何かを生みだす力となるものを、「と」ではなく「か」で結ぶことによって、ネガティブな価値観にしてしまった。そんなことはないんだ。一か八かでさえ、一と八になるし、およそ異質なナイロンと鉄でさえ、融合させることもできる。

ゴンチチはもう30年にもわたって我々にそのことを伝えてきた。

★　★　★

そんなにしょっちゅうあることではないが、書きものの仕事に没頭している時、絶好調感におそわれることがある。そのミラクル・ライティング・ハイはほかのいかなる行為をもってしてもかえがたい。この時の脳の状態を音楽であらわすと、ジャスト、ゴンチチの『jam-ja-fro』

という曲になる。ゴンチチの曲調は人の生命の、その限りある次元に描かれてゆく物語を想わせるが、もしかしたらこのいま生きている感覚は〝無限〟だし〝永遠〟なのではと感じさせてもくれる。両方ともよく魂に響く。

そこにはゴンチチでしかなしえない、音楽の絶対的境地がひろがっている。

★　★　★

ふたりはギタリスト。ゴンザレス三上とチチ松村。本名は明かさない。三上さんは1953年、松村さんは1954年、ともに大阪生まれ。ふたりの音楽遍歴のはじまりはともに幼稚園からだった。

幼稚園時代、三上さんは幼稚園の昼ゴハン時に流れるムード音楽に、「ゴハンがノドを通らなくなるほど感動したんです」。松村さんはキリスト教系の幼稚園にかよっていて賛美歌にしたしんでいた。片やインストゥルメンタル、片や歌から音楽にはいった。

小学校時代、三上さんはクラシック・ギターを、松村さんはピアノを弾《ひ》きはじめるが、三上さんは相当いかれた子供になっていた。(投げたり、打ったり、蹴ったりする)ボールを神と崇拝する宗教クラブを結成し、リーダーとなって演説をしていたというのだ。小学生の想像力とは思えない。

「小学生で、ボールは神だですよ。どうかしてます」（松村）

「別に深い意味はなかったんですけど」（三上）

それにしてもね。

じゃあ、中学時代はどうなってしまうんだ？

三上さんは、ビートルズをへて「もうめちゃくちゃな先鋭的なフリージャズ聴きはじめて、自分でもめちゃくちゃな演奏をテープにとって、友だちに聴かせてたんです」。

松村さんはナンシー・シナトラらのアメリカン・ポップスをへて、中学2年でアングラ・フォークに目覚めてしまった。「流行《はや》りものよりアングラものが自分にはぴったりきた。その頃、もう人と同じことっていうのがものすごくいやだった。物心ついた頃からそういう性格だったんですね」。それでアングラ・フォークに傾倒《けいとう》し、そこでギターを手にする。中でも高田渡に心酔。ギター奏法が独特だった。

高校生時代。松村さんは、ギター奏法のルーツを探るうちに、ブルースのラグ・タイムにまでさかのぼってしまった。「三上さんはフリージャズにいってしまって、ぼくは高校生で、1920年代、30年代のラグ・タイムまでいっちゃった。それは夢の世界だったんです。もう天国です」。音楽だけでなく、20年代、30年代のオールド・ファッションにもかぶれてしまう。

そこに松村さんは、「人とはちがう世界」を発見した。

「目指すは、おじいさんです。ヒゲもはやしたし、歩き方もしゃべり方もおじいさんになりきって、〝そうじゃのう〟なんて」

松村さんは大学にかよいながら、フォーク・カフェでラグ・タイム調の弾《ひ》き語りをはじめた。三上さんは革命家気分のフリージャズの世界にどっぷりだった。音楽的にいえば、まったく接点はない。松村さんは古き良き時代に生き、三上さんは前衛に生きる。まじわりようがない。

★　★　★

31年前、奇跡がおきる。

三上「たまたま共通の友人がいたんです。彼はぼくと松村さんを会わせようとしていた。松村さんとは会ったことがなかったけど、録音テープはもらってて、歌以外にひとりでギターを弾いてる曲があって、この人はいいなと思ってたんですけど、会うほどまでには気分はいってなくて。でも、ある日その友だちがゴハン食べに行こうって、電車に乗るから、ちょっと遠いところにでも行くのかなって思ってたら、ぼくのいた町から2、3駅はなれた町だったんです。どんどん歩いていったら、一軒家についていて、ここが松村さんの家ですって友だちにいわれて、もう会うしかないなって思いまして」

松村「三上さんは人見知りですから、ぼくがこわい人だったら、すぐ帰ったと思いますね。でも、その頃、ぼくはおじいさんになりきって人間ができてたんです」

三上「ある程度お互い音楽を追求している同士ですから、初対面でも厳しいことは厳しい。誰でもいいっていうわけじゃないですから。でも初対面で松村さんはやさしくて、気をつかわれてたと思いますよ。30分ぐらいたって、松村さんがギター弾いてみようって」

松村「ぼくは鉄弦で三上さんに言われたコードを循環で弾いてたら、三上さんがナイロン弦で、どんどんアドリブで弾いていったんです」

三上「その時、生の音が重なっていく衝撃を感じて」

松村「自分が演奏しているのに、レコードを聴いてるような気がして」

三上「そうそう。とにかく一音出た瞬間合うなと思った。一音でだいたい合うか合わないかわかります」

松村「それまで三上さんがやってきた音楽は、ムード音楽とかジャズとか、ものすごく洗練されてモダンな〝都会的〟なものだったんです。一方、ぼくは賛美歌からはじまってラグ・タイムとか〝土着的〟な世界で、そのふたつが瞬間で合体したんです。それがいまやってるゴンチチの音楽が最初に生まれた瞬間です。ぼくはその晩はこんなすごい人とよくぞめぐり会えたなと、神経が興奮して眠れなかった」

★　★　★

男と女のことに関してボブ・ディランは、どんなことよりもお互いのハート・ビートのリズムが同じであることが至上のよろこびを生みだすと言っていた。それも一生に一度会えるか会えないか。ゴンチチは音楽に関して、出会いの最初の時から、その境地に達していた。

★　★　★

ゴンチチとして活動をはじめた時、三上さんはＮＴＴの社員だった。だから休日や仕事を終えた夜にステージに立っていた。知人の紹介で松下の音響研究所に出向き、ソフトのデジタル化を開発する技術陣のために実験的に演奏もしていた。東京・青山でのライブの時、三上さんは「明日朝から会社に行くので、最終の新幹線で大阪に帰らなければなりません。失礼します」と会場を飛びだしていった。ステージではひとり松村さんが演奏をつづけていた。

三上さんはいまもひどく人見知りの性格だ。結成した頃は、「知らない人の前でやりたくない」と駄々っ子になった。何回も、「おなかいたいから帰りたい」と本番前に訴えた。

「それでも、三上さんやってくださいとステージに上がってもらいました。そしたら、もともとすごい実力なのに、それの１・５倍ぐらい発揮する。いっぱい才能のある人はいるんですけど、本番で発揮できない人がほとんどなんです。三上さんは天才です。何かわからないけど、エッ、ここまでやるのかっていうくらいやる。それがなかったら、ぼくらはつづいてなかったと思います。ここまでやるのかっていうのが、それが三上さんとやる快感ですね」

その話をうけて、三上さんは告白する。

「そりゃものすごく感じますよ。自分ひとりでやっている時よりもふたりでやっている時の方が。その時の状態が人生の至福感っていうか。お金もうけして、ブランデー飲んで、あー幸せっていう幸せなんかがあるとしたら、ぼくらはその5倍は幸せです。至福です。だから将来の目的なんていらないんです」

「存在的には絶対ほかにはいないですね。プロ意識なんてぜんぜんないし、本当に快感だけでやっている。純粋に。三上さんが言ってたように、ちっちゃい子供がオモチャを前に遊んでいるような、その感じでいまもやっている。だから過去も未来もないんです」

★　★　★

活動をはじめた頃は、松村さんが歌うこともあったそうだ。だが、25歳になった時、歌って何か人にメッセージすることがいやになってきた。信じられなくなった。そこに音楽の役割はないと感じるようになった。松村さんは歌うのをやめた。三上さんとの合奏に徹した。

「やっぱり現実というものが誰しもにあって、そこで音楽を聴くと別世界へ旅するような気分になる。歌を歌って、俺はこういう風に思ってるんだなんてことはどうでもいい」

もし松村さんが歌を歌っていたら、ゴンチチの音楽はイメージのひろがりが、歌にとらわれてしまっていたかもしれない。三上さんも松村さんと同じ考えだ。

「歌って演じるところがある。ここで人をぐっと惹《ひ》きつけて、みたいな。器楽演奏はそういうこと関係なく、自由なんです」

★　★　★

今年の春、東京・築地市場近くのコンサート・ホールのマイクもアンプもスピーカーも機械はなんにもないステージで、ふたりはギターを演奏した。ギターと文字通り素手。ふたりはすでに30年のつきあい。プロ・デビューして25年。リリースしたアルバムは30枚以上、コンサートは東大寺、薬師寺、能楽堂、美術館、水族館と様々な場所をめぐり、映画音楽の仕事では竹中直人監督『無能の人』(日本アカデミー賞最優秀音楽賞受賞)、カンヌで最優秀主演男優賞を柳楽優弥が受賞した『誰も知らない』を手がけ、代表作『放課後の音楽室』が高校の音楽教科書『音楽2』に掲載され話題を呼び、NHK FM『世界の快適音楽セレクション』のDJもつとめと、かなりディープな活動をふたりでくりひろげているのに、その日、前代未聞の100%アコースティック・ライブのステージにあらわれたふたりは、まるで初対面でもあるかのように、お互い遠慮しているような、気をつかいあっているような、目をあわせることもなく、不思議な空気がただよっていた。

ここにステージ上でのふたりのしゃべりの、そのやりとりが再現できないのが残念だが、客を面白がらせようと考えてしゃべっていることなんて何ひとつもないのに、おかしい、妙におかしい。まったく対話になっていない。何かボソボソ、かつて小学校でサッカー選手や野球選手でもないのに、ボールを神と崇める宗教クラブを結成した三上さんがしゃべっている。それをかつて20歳で翁道をきわめた松村さんが、〝そうじゃのう〟という福顔で聞いていると、何の前触れもなく突然のように三上さんの演奏がはじまる。

そこに見る〝間〟が、おかしくておかしくてしょうがない。それは、人を「人間」、トキを「時間」「瞬間」、三次元を「空間」とあらわしたように、実は〝間〟にすべてがある。

ステージ上で、ふたりが生みだす〝間〟に人間を感じずにはいられない。人間とは、だからONE＋ONEになってはじめて人間となる、と思えてしまう。

★　★　★

社会の「なんの役にもたたないことが一番面白い。役にたつものほどしょうもない」し、〝地球一番快適音楽〟と讃えられているけど、「音楽業界の位置的にはものすごく破壊的存在かも知れませんね、存在が」ともわかっているし、「もっとみなさん音楽を一生懸命やってますよ。いろいろ考えて、自分の在り方とかプロとしてどうやっていくかとか。ぼくらいっさいない。ただ、音楽の快感を求めているだけです」と松村さんが言えば、三上さんも「どうしても忘れ去られそうなものに興味あります。何か知らないけど、まったく不完全なものに興味をひかれてしまう。それがある程度の人に知られていくのが快感です」。

★ ★ ★

築地市場の近くのホールでのライブは、三上さんはナイロン弦、松村さんは鉄弦。30年前ふたりが合奏した時とまったく同じ。「そのままです」（三上）

――ふたりでその時、合奏した曲はいったいなんだったんですか？

「ジョン・コルトレーンの『マイ・フェイバリット・シングス』です。いまでもぼくたちの定番メニューです」（三上）

★ ★ ★

「ぼくらの跡つぎはいない。音楽的には同じことする人たちが出てくるだろうけど、どう考えてもこんな人間的組みあわせは無理です」（松村）

クリームソーダ／山崎眞行＋伴晋作

すべてがうまくいく。

子供の頃からいつも山ちゃんには相棒はいた。たとえば、小学校の頃。故郷の北海道の炭鉱町で、山ちゃんは冒険気分で、相棒と山にはいり、大きな木の上に小屋をつくった。それは大人にはナイショの、ふたりだけの秘密の砦。相棒は絶対に秘密が守れる奴じゃなきゃいけなかった。山ちゃんは秘密に楽しみを見つける少年だった。

中学1年になった時、山ちゃんはまた新しい秘密事に熱中した。今度も相棒がいた。ふたりはマンガが好きだった。学校帰りに相棒の家に行きマンガを共作した。ストーリーは、まだ考えられなかった。だから当時大人気だった『怪人二十面相』という本をもとに、自分たち流の『怪人二十面相』を藤子不二雄みたいに交代で厚いワラ半紙のノートに描いていった。毎日毎日、その作業に没頭し、2年かけて大作を完成させた。そのマンガをほかの人に見せることはなかった。ノートもどこかへいってしまった。

1960年代中頃、山ちゃんは上京し、私大の学生になっていた。ほとんど学校には行かず、バイト生活を送っていた。仕事先は最初、池袋の純喫茶だった。ウェイターとして働いていた。1３０００円の最新のスーツが欲しくて、（当時の）時給50円で働いていた。お金をつくり、池袋のショップに買いにいくと、店員の応対が生意気で山ちゃんは腹をたて、そこで買うのをやめた。スーツを求めて新宿に行った。新宿には当時いまでいうところのセレクトショップの名店があった。その〈三峰〉に行って、スーツを買った日に、バイト募集のはり紙を見て山ちゃんは応募すると採用された。

「ぼくは東京に出てきて、自分が何したいなんて何もなかった。何かに憧れることもなかった。ただ、毎日、お店に行くのは楽しい。毎日、遊びに行ってるような気分だった」

大学を卒業したが、就職できなかった。筆記試験の問題に何ひとつ答えられなかったのだ。〈三峰〉に戻り、そこで正社員になった。その時、同僚に伴ちゃんがいた。作新学院の応援団の出身で、髪型はリーゼントだった。山ちゃんもリーゼントだった。なんとなくしたしくなった。ふたりの仕事は売り子だった。ともに優秀だった。40人の従業員中伴ちゃんはいつもトップの成績だった。山ちゃんもいつも5位以内にはいっていた。

そして、ふたりが生涯の相棒となる出来事がおこる。

1９６６年12月24日。同僚に誘われて、ふたりは東中野のスナックで開かれていたクリスマスパーティに行った。下手くそなアマチュア・バンドが『クリスマス・キャロル』を演奏し、若い連中が楽しそうに踊っていた。チンピラもまぎれこんでいて、伴ちゃんがもめていた。その騒動を見た山ちゃんが飛んで行ってチンピラの胸倉をわしづかみにし、「出てけ！」と店からたたきだした。

その後1分もしないうちにチンピラがヤクザ者を連れて戻ってきた。ヤクザ者のケリを腹にうけた瞬間、山ちゃんは「やるか！」と言って自慢のスーツの上着を脱ぎすてた。その時、ふたりはそろいのシルクシャンタン製のコンテンポラリー・スーツを着ていた。伴ちゃんは！と探すと、自分より前の方でうれしそうにゲンコツをにぎりしめて「山ちゃん、やりましょう」と言った。そんな伴ちゃんを見て山ちゃんは「こいつはすごい！」とうれしくなった。ヤクザ者を相手にしたケンカから伴ちゃんは逃げなかった。そんな奴ははじめてだった。

その一夜でふたりは生涯の相棒となった。

山崎眞行、21歳。

伴晋作、19歳。

クリスマスの夜だった。

それからふたりはいつも行動をともにするようになった。そろいのブレザーを着て、毎晩、街に遊びに行った。そのブレザーの胸には山ちゃんのアイデアで左右のゲンコツをクロスさせた空手のマークを刺繍《ししゅう》でぬいこんだ。

その当時はクリスマスの夜の騒動ではないが街で遊んでいると、チンピラによくケンカを売られた。「伴ちゃん、このマークをつけとけば、ぼくたちのこと空手の達人かと思って、誰も寄ってこないよ」と山ちゃんが言った通りになった。

★　★　★

ある日伴ちゃんが山ちゃんのことを「ボス」と呼んだ。山ちゃんが照れた顔をしたら、伴ちゃんは二度と「ボス」とは呼ばなかった。

★　★　★

二番手が好きだった伴ちゃんは山ちゃんといる時はいつも用心棒気どりだった。山ちゃんはハンサムな用心棒といるのが楽しかった。

★　★　★

ふたりは相棒となったが翌年の夏には山ちゃんは湘南のホテルにいた。山ちゃんは面白味のなくなった〈三峰〉をやめ知人の紹介でホテルにやとわれ働いていた。ホテルといっても夏場は海水浴客に休憩所を提供する営業をしていた。

伴ちゃんも山ちゃんと一緒にいるのがよっぽど楽しかったのだろう、〈三峰〉をやめて、そこに仕事があるわけでもないのに、東京から湘南にやってきた。伴ちゃんはホテルのそばの駐車場にテントをはって暮らしていたが、台風がきた日にホテルの山ちゃんの従業員部屋にころがりこんだ。

ホテルはヒマなので、毎日退屈だった。食堂にジュークボックスがあった。ふたりがよく遊びに行っていた六本木の店にジュークボックスがおいてあったのを思い出し、「伴ちゃん、ジュークボックスがあるからパーティやろうか?」と言うと、「やりましょう」と伴ちゃんは答えた。

そのことを支配人に提案するとＯＫしてくれた。栄養剤の広告ポスターがホテルの倉庫にたくさん放置されていたので、その裏側にパーティ告知を描いて湘南の電信柱にはっていった。伴ちゃんは東京に戻りR&Bのレコードを調達してきた。それをジュークボックスにつめこんだ。当日、はいりきれないほどの客がおしよせてきた。会場でふたりは働いたが、〈三峰〉での売り子としての経験がものをいった。その日からパーティを毎日開催した。横須賀、横浜、東京からも客がくるようになった。２００人、３００人とふえつづけた。夏が終わった時、ホテルの通常の売りあげよりも利益があがっていた。それがふたりで組んでやった最初の仕事となった。

その仕事ぶりがホテルの経営者に買われることになった。経営者は四国に本社をおく企業家だった。やりたいことがあったら出資するという話になった。ふたりの経験からすれば、一緒によく行っていたスナックが楽しかったから、そう提案すると、店舗を東京で探しなさいと話が進んだ。

新宿の商業地区としては裏町になるところに物件を見つけた。エレベーターもないボロボロのビルの4階。その秘密めいた雰囲気が山ちゃんの心をとらえた。伴ちゃんという相棒がいる。ふたりでやったホテルのパーティはうまくいった。ふたりでやることになんの不安もない。店の名前は友だちと子どもの頃に描いたマンガを思い出して〈怪人二十面相〉とした。それにロック・ショップとつけた。徐々に人気は発火し、野火のように東京中にそして全国へと飛び火した。1年目に出資者から買いあげて、はじめて自分たちの店を持った。

★　★　★

「なぜかぼくと伴ちゃんのふたりが手を組んでやることは何でもうまくいくと感じ、何もこわくなかった」

★　★　★

ある日、伴ちゃんが「山ちゃんのことを社長って呼んでいいですか」と言った。山ちゃんは「新しいあだ名のようなもんだからいいよ」と答えた。伴ちゃんのあだ名は山ちゃんが考えて「何にも専務」になった。

★　　★　　★

「ぼくと伴ちゃんはもともとお店に思いいれがない。だから『明日この店しめよう』と平気で言って店をしめることができる。スタッフやお客さんはそこに想い出があるから涙を流しておの店と別れることを惜《お》しむ。だけどぼくと伴ちゃんはダサクなった店など見たくないから、『このへんで、おさらば』する。そして明日にはもっと楽しくなる店をオープンする。これがぼくたちふたりの店に対してのこだわりだ」

ふたりは、〈怪人二十面相〉を新しい仲間にまかせて新宿からまだ静かな住宅街だった原宿にやってきた。

「この静かな街に大旋風をまきおこそう。店の名前はだから伴ちゃん〈キングコング〉っていうのは、どう?」と新しい店のアイデアを伴ちゃんに話してゆく。山ちゃんが話し終わると伴ちゃんは「やりましょう」と答える。その一言を聞くと、山ちゃんは勇気をもらったように感じて大きな安心感につつまれる。3軒目の店を出す時も同じだった。

恋人とのシンガポール旅行から帰ってきた山ちゃんは、旅の想い出を伴ちゃんに話してゆく。「伴ちゃん、今度はトロピカルっていう感じがいい。まだ、誰もやってないよ。それもハワイじゃなくてシンガポールみたいに東洋的な世界ね。だから店の名前は〈シンガポール・ナイト〉にしよう」とイメージを伝える。話し終わると伴ちゃんはニコニコ顔で、「カッコいいですね、やりましょう」とのってくる。

すべてはこんな感じではじまり、発火し、爆発する。流行の中心にはなっていくが、ふたりはすぐに次に進んでゆく。

★　★　★

「いつだったか、伴ちゃんとこんな話をしたことがある。物事に思いこみをいれすぎると、思いこみは弁解に聞こえ言い訳になってしまう。だから、ふたりが楽しいと思うことだけにこだわって生きていこう。そして、もし人生の最悪の時がきたら、振りだしに戻ればいい。俺たち高級な不良は少しマセているから世間より少し早く振りだしに戻ろう」

それがふたりの掟だ！

★　★　★

「ぜんぜん、宗教じゃないんだけど、ぼくの相棒は昔から神様だった。自分の中にいるのか、どこにいるのかわからないのだが、ぼくは、散歩しながら、いつもそれと楽しいことをしゃべっている。計画というのか。こんな世界をつくろうと思ってるんだけど、どうといった調子だ。その相手が神様みたいに感じる。もう夢中になって話してると、絵が浮かんでくる。イメージがハッキリしてくる。それをぼくが伴ちゃんに話す。伴ちゃんは何も考えないタイプで、ぼくの話を真剣に聞いていて、『いいですね』『やりましょう』と答えるだけだ。その時、お金もないし、現実的な計画もたてない。あるのは、ぼくがやりたいことのイメージだけだ。それを伴ちゃんに絵に描いて見せる。それは神様との対話でできた世界だ。ほかの人に言うと、みんなホラ吹いてるとしか思ってくれないから、ぼくは伴ちゃんにしか言わない」

そうやってふたりは一日の売りあげが1億にも達した日本初のドクロ・マーク・ブランド〈クリームソーダ〉をつくり、修学旅行・東京観光のメッカとなった原宿のメガ・ストアー〈ガレージパラダイス・トーキョー〉をつくり、原宿の2カ所に土地を買い、トロピカル・デコの自社ビルを建て、カフェ・ブームよりぜんぜん先にスーパーモダンな〈ドラゴン・カフェ〉をオープンさせ、宮大工が建てた日本料理屋〈きく〉、ロンドンの彫刻家が内装を手がけたタイ・レストラン〈カバラ〉、イタリアン・レストラン〈トシオ〉もオープンさせ、レコード会社も設立し、インディーズ映画、出版にも進出し、あらゆることを実現していった。

すべてがうまくいったわけではない。どん底も見ている。その時は、ふたりでお茶漬け屋でもやればいいと思っていた。

「商売をやって成功したことの達成感なんてない。そんなことが人生のピークだとはぼくは思わない」

そして、ふたりが生涯の相棒となった日から31年目のクリスマスの日、伴ちゃんは山ちゃんに「どうもありがとう」という言葉をのこして生命の火を消した。

その一週間前山ちゃんが病院に見舞った時にベッドで身をおこした伴ちゃんは山ちゃんに「I'm cream soda」と声をふるわせて言った。

だから、〈クリームソーダ〉の〝赤タグ〟にはドクロとともにふるえる字でI'm cream sodaと刻印されている。両側にころがるダイスの目は3と4。この数字の意味するところは山ちゃんと伴ちゃんだけの秘密だ。

★　★　★

「想い出のない人は、きっと未来もないと思う」——山崎眞行。

EPILOGUE:

森永博志＋李長鎖

オオカミとも戦える。

「すごく面白いハナシがあるんです」と李さんが言ったので、ぼくは強い光を放つ眼を真正面から見すえて、「何ですか?」と聞いた。恵比寿の駅前ホテルの2階のレストランにぼくらはいた。

「トンゴリ砂漠に、赤茶髪の人たちだけが住んでいる町があるんです。そこは陸の孤島みたく外の世界とは孤立してあった。ある時、そこに文化人類学者が調査にはいって、いろいろしらべたところ、彼らはイタリア人を先祖に持つことがわかった。それから、歴史を振りかえると、2000年前に中国に進軍してきたローマ軍がいて、その軍隊が突然行方をくらましてしまった。どうやら、そのローマ軍の子孫だとわかった。森永さん、そこに行きましょう」

いつもこんな風に話をしては、ぼくらはあの広大な中国大陸を旅し、李さんが写真を撮り、ぼくが文章を書いた。共著もつくった。

幻の花を探し求めてシルクロードの神峰に登った。赤い谷も訪れた。モンゴルの大草原の彼方に族長たちの集会も訪ねた。湖南省の仙境も訪ねた。最後の舟大工さんが住む東シナ海沿いの港町も訪ねた。目にもとまらぬ速さで、手をつかわずに10枚もの絹の仮面を変える変面師を四川省に訪ねた。雲南の楽土にも行った。厳寒の雪原にラクダも追った。馬に乗って秘境を旅した。夜汽車にも乗った……。

この20年、李さんを相棒に大陸を旅した。出会ったのは、天安門事件の翌年の1990年の東京だった。ぼくはある旅行雑誌の特集エディターの仕事をしていた。まだその頃は中国は日本にはいってくる情報もほとんどなく未知なる旅先のひとつだった。だから他誌に先駆け、中国大陸を西へ、南に、大移動するような旅に出る企画をたて準備をしている最中に李さんがその雑誌の中国版を出版する話をもって編集部に訪ねてきた。話すうちに李さんは中国全土に写真家や芸術家のネットワークをもっていることがわかり、その場で取材のコーディネートをたのんだ。ぼくはその時、旅行者がはいることを禁じられている〝辺境〟をめぐる計画をたてていた。李さんはその許可証も取得できると言うのだった。

約1ヶ月間、李さんをコーディネーターに中国大陸を旅した。その時、ぼくは4度目の中国旅行だった。李さんと一緒に旅して、ぼくははじめて中国人と長い時をともにした。旅行者がまだ旅の手段を持てずに遠征できないカラコルム・ハイウェイをジープで走行しパキスタンの国境近くまでも行った。おそろしいほどの神韻に満ちた世界に衝撃の連続だった。そこはヒマラヤの裏側。人を寄せつけぬ荒涼たる大自然は地上世界というより宇宙の一画を想わせた。

そんな世界で、酒を飲み、李さんの若い頃の話を聞いた。李さんは1953年、北京生まれ。子供の頃にいた町は浅草のようににぎわっていたという。それが毛沢東による文化大革命の時代になると街っ子は情報やモノにあふれた生活でひ弱になった体や精神をきたえ直すために未開地へと強制移住させられた。李さんは内モンゴルの僻地《へきち》へと送られ、紅衛兵２５０名の若者たちのリーダーとなって開墾労働に従事した。その時、毎晩のように丘の上に座り大草原を走る夜汽車を見て、北京にいる病気の母親を想い帰りたくてしょうがなかった、と想い出話を銀河系の輝きを見せる星空の下カラコルム山中のちいさな宿の食堂で話すのだった。「その頃の仲間が、中国全土にいるんです」。

李さんはまだ15、６歳の子供。その頃ぼくは、東京で何をしていたのかなと振りかえった時、あまりの境遇のちがいに何も言えなくなっていた。李さんはビートルズも知らないし、コカコーラも飲んでいないし、ＴＶも見ていない。

境遇が天と地ほどにちがっても、人は相棒同士になれるのか。しかも民族もちがう。最初の旅で、ぼくらはタイプが似ていることが、お互いわかった。

何でも食べられる。

どこでも寝れる。

何より、旅先で「カンペイ」の宴会にとけこめる。

旅が好き。

うまいものが好き。

砂漠が好き。
馬が好き。
ラクダが好き。
唄が好き。
好きなものが同じだった。それで、充分だった。

李さんは日本の大学で中国語講座の先生をしていたので東京に住んでいた。呂厚民という毛沢東専属のカメラマンだった大家に師事するカメラマンでもあり、白河義員の中国ロケでは専属アシスタントもつとめていた。

最初の旅で、面白い情報をシルクロードで聞いた。それはシルクロードの神峰の果てにスノーロータスという幻の花があるという話だった。最初の旅の3ヶ月後にもうぼくらは2度目の大遠征に出ていた。それは車ではいった２０００メートルの高地から馬に乗ってカザフ族の男たちと山の彼方を目指すハードなトレッキングとなった。４０００メートルをこえてからは馬からおりて、さらに高地を歩いて目指した。空気はうすくなり呼吸は苦しくなり足は鉄塊をひきずるように重くなった。もはや標高はわからなくなり荒涼たる世界をさまよっていた。ついに求めるスノーロータスを発見した時、突如、轟音《ごうおん》が山間にとどろいた。足元のはるか彼方下方に黒い雲がひろがり雲の中で稲妻が炸裂《さくれつ》していた。下界では激しい雨が降りはじめていた。その雲のはるか下に川が流れ、雨でその川が増水したら馬でわたって帰れなくなる。それは身の危険を意味する。ぼくらは山の斜面をころがるように下界にむかい、ぎりぎり馬で川をわたることができた。その翌日に下山し砂漠をオアシスの町にむかうと、あちこちが水びたしだった。生命びろいしたのだった。オアシスの町ではワイン工場を訪ねフランス政府からの依頼で試作中のワインを飲ませてもらった。工場長も宴会に加わり、みんなで調子づいてワイン庫のワインを全部飲みほしてしまった。李さんは酔って満月にむかって太極拳のアクションをとりながら「一度、友人になったら、一生、友人なんです」と言った。

★　★　★

あれはいまから15年ほど前。内モンゴルの省都から一番遠くはなれた地へと、李さんと内モンゴル人たちと旅をつづけた。パオ（テント）を転々とし連日昼間から馬乳酒のカンパイに歌の宴。ある時モンゴル人たちが族長たちの集会の丘を探し求めて我々のもとから去って行った。李さんとぼくは彼らが戻ってくるのを大草原の平ったい丘の上で待つことになった。

一筋の道もなく３６０度見わたせど建物ひとつ電線一本それこそパオも人も馬も羊も犬もいない。目にはいるのは果てのない天空と果てのない大地。太陽の光がどんなにはげしくても、この天地全体には輝きを与えられない。

李さんとぼくはポツンとたったふたりでそこにいた。「このへんだと、野生のオオカミがいますね」と李さんのウィスパーが響く。聴覚も音程感をなくしている。「もし、彼らがここに戻ってこなかったら」とネガティブな考えも頭に浮かぶ。ケータイもない。車もない。水もない。食料もない。金や金目のモノはあるけれど、なんの役にもたたない。文明社会から原始時代に送りこまれてしまったようなものだ。恐竜でもやってきそうな大草原。オオカミはいる。もと紅衛兵のリーダーだった李さんも静寂にたまりかねたように口をひらく。

「今年、夏どこか行くんですか?」

「エッ!?」、声をかえす。対話の感覚もうしなわれている。「サンフランシスコ」と答えても、舞台のセリフに自分で聞こえる。会話の調子がつかめなく黙ってしまう。

感じているのはたったひとつ。ひとりじゃなくてよかった。ひとりだったら気がおかしくなってしまうかもしれない。そこに友人がひとりいるというだけで気持ちが救われていた。その時、原始時代も人はふたりで旅に出た、いまここにいる自分たちのように、月面にもふたりが最初に上陸したんだなと、想っていた。

何かあった時、ふたりじゃなきゃ先に進めないいし、もとにも戻れない。ふたりだったらオオカミとも戦える。

★

＋

★

参考文献

『シャングリラの予言』　立川直樹／森永博志 著、講談社
『スティーブ・ジョブズ 人を動かす神』　竹内一正 著、経済界
『スティーブ・ジョブズ／偶像復活』　ジェフリー・S・ヤング／ウィリアム・L・サイモン著、井口耕二訳、東洋経済新報社
『宇宙からの帰還』　立花隆 著、中央公論新社
『エルヴィス・プレスリー／世界を変えた男』　東理夫 著、文藝春秋
『ミック・ジャガーの真実』　クリストファー・アンダーセン 著、小沢瑞穂 訳、福武書店
『路上』　ジャック・ケルアック 著、福田稔 訳、河出書房新社
『ホノカアボーイ』　吉田玲雄 著、幻冬舎
『ウォーホル日記』　パット・ハケット 編、中原佑介／野中邦子 訳、文藝春秋
『ベルーシ最期の事件／ハリウッドスターたちとドラッグの証言』　ボブ・ウッドワード 著、井上篤夫 編著、集英社
『Spectator』　エディトリアル・デパートメント
『サイモンとガーファンクル／旧友』　ジョゼフ・モレラ／パトリシア・バーレイ 著、福島英美香 訳、音楽之友社
『横尾忠則自伝／「私」という物語一九六〇―一九八四』　横尾忠則 著、文藝春秋
『ジョンとポールが出会った日』　ジム・オドネル 著、吉田真知子 訳、南風椎 監修、TOKYO FM 出版
『ジョン・レノン伝説』　アルバート・ゴールドマン 著、仙名紀 訳、朝日新聞社
『ゲバラ最期の時』　戸井十月 著、集英社
『ヒマラヤの下インドの上』　下田昌克 著、河出書房新社
『PRIVATE WORLD』　下田昌克 著、山と溪谷社

ONE PLUS ONE ワン・プラス・ワン

2009年9月25日　初版発行

著者　森永博志

デザイン　高橋実
編集／制作　滝本洋平
デザインアシスタント　大津祐子
A-Works Staff　池田伸・二瓶明・小海もも子
Special Thanks　石崎淑

発行者　高橋歩

発行／発売　株式会社A-Works
東京都世田谷区北沢2-33-5 下北沢TKSビル3階　〒155-0031
TEL:03-6683-8463　FAX:03-6683-8466
URL:http://www.a-works.gr.jp/
E-MAIL:info@a-works.gr.jp

営業　株式会社サンクチュアリ・パブリッシング
東京都新宿区荒木町13-9 サンワールド四谷ビル　〒160-0007
TEL:03-5369-2535　FAX:03-5369-2536

印刷／製本　株式会社光邦

ISBN978-4-902256-23-9

★　★　★

森永博志（モリナガ　ヒロシ）
1950年生まれ。編集者。文筆家。
『人工の楽園』、『スネークマンショー』カセットブック、『PATAGONIA PRESENTS』、『DOQRO MAGAZINE』、『森羅』ら編集。著書に『原宿ゴールドラッシュ』、『やるだけやっちまえ』、『アイランド・トリップ・ノート』、『ドロップアウトのえらいひと』『シャングリラの予言』『北京』『初めての中国人』らがある。